AF531177

Maravillas

Mc
Graw
Hill
Education

COVER: Nathan Love, Erwin Madrid

mheducation.com/prek-12

Send all inquiries to:
McGraw-Hill Education
Two Penn Plaza
New York, New York 10121

ISBN: 978-0-07-900628-8
MHID: 0-07-900628-0

Printed in the United States of America.

3 4 5 6 7 8 9 LWI 23 22 21 20 19

B

UNIDAD 4

Nuestra vida, nuestro mundo

Sverrir Thorolfsson Iceland/Flickr/Getty Images

UNIDAD 5

Mejorar nuestro mundo

Género 1 • Biografía

SEMANAS 1 Y 2 PERSONAS QUE NOS INSPIRAN

Género 2 • Ficción realista

SEMANAS 3 Y 4 SER UN BUEN CIUDADANO

Género 3 • Artículo persuasivo

SEMANA 5 TIME FOR KIDS

LECTURA INDEPENDIENTE

FICCIÓN LLEVARSE BIEN

FICCIÓN PRESERVAR EL PLANETA

my.mheducation.com

UNIDAD 6

¿Cómo es?

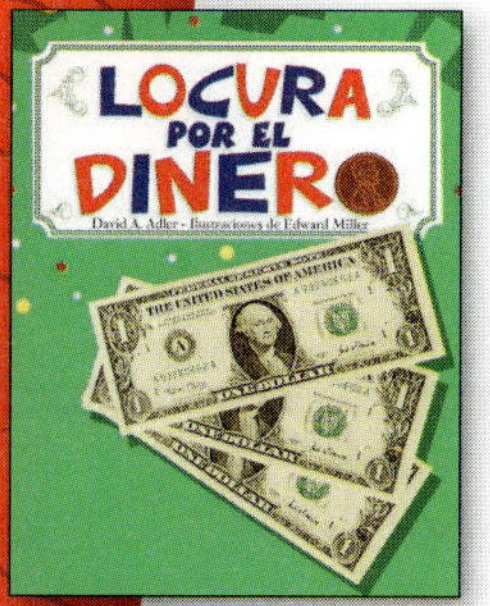

Género 1 • Texto expositivo

SEMANAS 1 Y 2 CUESTIONES DE DINERO

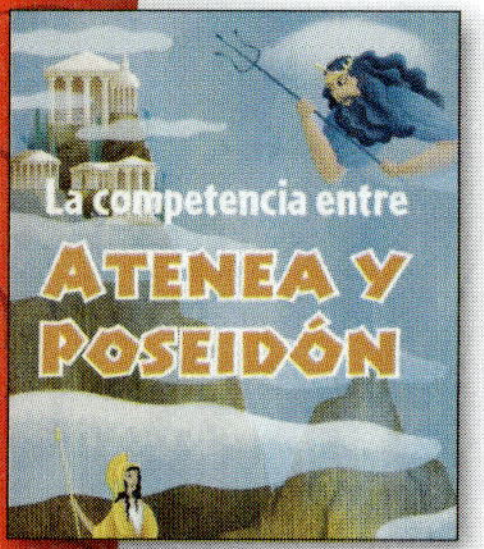

Género 2 • Drama/Mito

SEMANAS 3 Y 4 MITOS Y DATOS SOBRE LAS PLANTAS

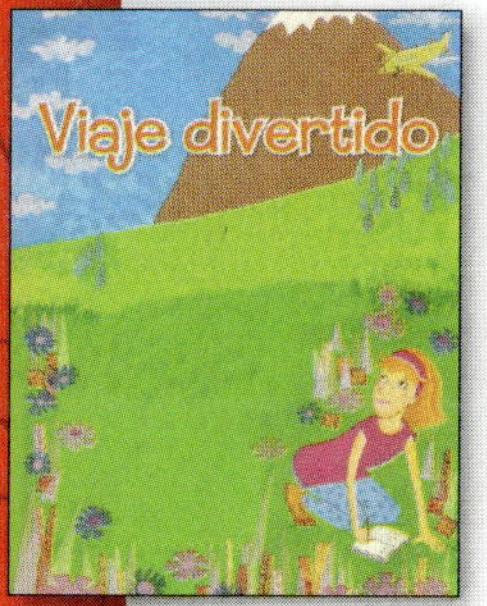

Género 3 • Poesía

SEMANA 5 MUNDO DE IDEAS

LECTURA INDEPENDIENTE

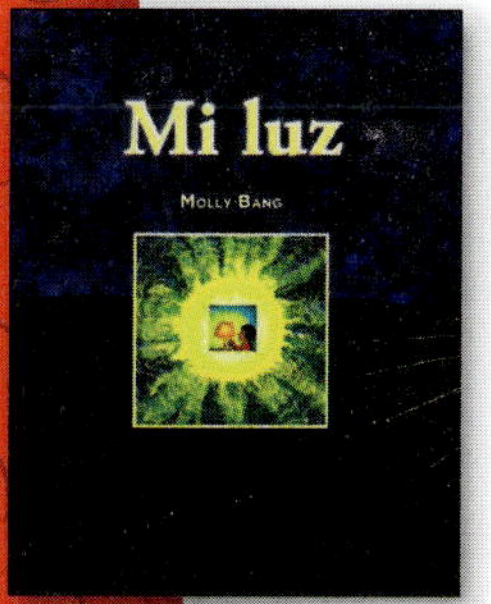

NO FICCIÓN NECESITAMOS ENERGÍA

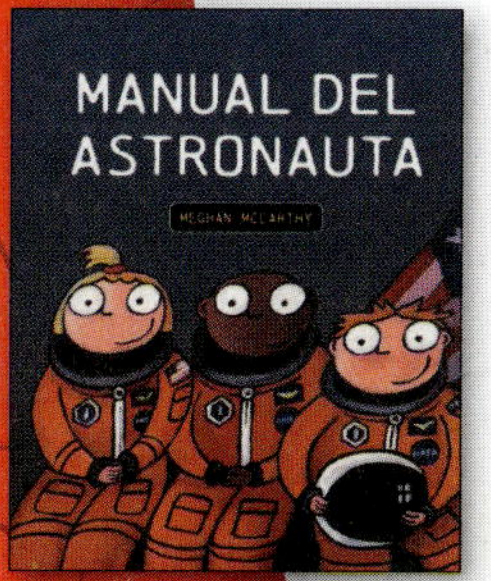

NO FICCIÓN EXPLORAR EN EQUIPO

Género • Ficción realista

Pregunta esencial

¿En qué se parecen y en qué se diferencian las familias en todo el mundo?

Lee acerca de dos familias que viven en las orillas opuestas de un río.

La otra orilla

Marta Carrasco

El río suena día y noche con su **murmullo** de piedras.

Esta es nuestra **orilla**. Mi madre canta mientras trabaja y su voz se oye sobre el rumor del río.

En la otra orilla, hay un poblado **lejano**.
Dicen que allí la gente es distinta,
que comen comidas raras, que nunca
se peinan, que son vagos y bochincheros.

Está prohibido cruzar el río.
—No debes ir nunca a la otra orilla —ordena mi padre.
—No los mires —dice mi madre—. Son distintos.

Yo escucho mientras peino mi pelo liso
con mi peineta de hueso.
Y los de la otra orilla, ¿qué dirán de nosotros?

AHORA COMPRUEBA

Visualizar ¿Cómo crees que son las personas de la otra orilla?

Un día, un niño de allá me hizo señas.
Yo miré hacia otro lado. Pero él siguió allí.

Finalmente, yo también levanté los brazos para saludarlo. Alcancé a ver que sonreía.
No sé por qué, yo también sonreí.

Al día siguiente, muy temprano, fui a la orilla del río y me encontré con una sorpresa.

Allá, en la otra orilla, divisé a mi amigo. Tenía en la mano una larga cuerda que atravesaba el río.

Poco a poco se acortó la **distancia** que nos separaba. El corazón me latía **dum dum, dum dum**.

De pronto, el sol desapareció; se encresparon las aguas y un rayo iluminó el cielo. **Retumbaron** truenos a lo lejos. Sentí miedo y me acurruqué.

Cuando llegué a la otra orilla,
mi amigo me ayudó a bajar.
Sus manos estaban muy tibias.

Luego, me guareció bajo su pañolón
y corrimos bajo la lluvia.

Su familia nos esperaba. Eran muy raros: rubios y despeinados, vestidos de muchos colores.

Hablaban gritando y todos al mismo tiempo. Quise regresar…

Pero en ese momento sentí un olor delicioso: un olor a pan recién sacado del horno.
¡Era el mismo olor del pan de mi casa!

La madre nos sirvió leche caliente y se me pasó el frío que traía de afuera.

El padre es pescador, como mi papá.
La abuela teje chales, como mi abuela.
Los chicos juegan con las piedras del río,
como mi hermano.

Nos hicimos amigos. Él es Nicolás
y yo soy la Graciela.
Somos distintos y también muy **parecidos**.

AHORA COMPRUEBA

Visualizar ¿Cómo crees que cambiará ahora la vida de Graciela y Nicolás? Usa la estrategia de visualizar para ayudarte a contestar la pregunta.

Es una amistad secreta, por ahora.
Pero los dos tenemos un sueño.
Cuando seamos grandes, construiremos
un puente sobre el río.

Así los de allá cruzarán a visitarnos,
los de acá iremos a verlos millones de veces

y sobre el rumor del río se escucharán
los saludos y las risas.

Conozcamos a Marta Carrasco

Nació en Santiago de Chile. Le gustaba dibujar, pintar y fabricar muñecos. Marta ha escrito e ilustrado muchos libros para niños. Fue la creadora de un personaje de televisión llamado "Tata Colores". Escribió: "Las ilustraciones de este libro fueron hechas en témpera sobre cartón piedra y realizadas con la esperanza de que los distintos de este mundo puedan conocerse y comprenderse".

Propósito de la autora

Los autores escriben por distintos motivos. A veces, quieren contar una historia entretenida. Otras veces, quieren enseñar una lección a sus lectores. ¿Por qué crees que Marta escribió este cuento?

Respuesta al texto

Resumir

Piensa en los detalles importantes de los personajes, el ambiente y los sucesos para resumir el cuento. La información de tu tabla de personajes, ambiente y sucesos puede ayudarte.

Personaje	Ambiente	Sucesos

Escribir

¿Cómo cambia lo que siente la niña acerca de las personas de la otra orilla cuando las visita? Completa estas oraciones para ayudarte a contestar:

Al principio del cuento, Graciela...
Al final del cuento, Graciela se siente...

Hacer conexiones

¿En qué se parecen y en qué se diferencian las familias de Nicolás y de Graciela? **PREGUNTA ESENCIAL**

¿Qué podemos hacer para entender mejor a las personas que nos parecen diferentes? **EL TEXTO Y EL MUNDO**

Género • Texto expositivo

Compara los textos

Lee sobre diferencias y semejanzas entre familias.

De aquí y de allá

Edificios de apartamentos en Estados Unidos y Dinamarca

En todo el mundo, las familias hacen algunas cosas de la misma manera. Y hacen otras cosas de manera diferente. Vamos a ver cómo viven familias de diferentes **culturas**.

Todas las familias necesitan un hogar. Algunas familias viven en grandes ciudades. Pueden vivir en edificios de apartamentos de varios pisos. Muchas familias viven en el mismo edificio.

Algunas familias viven cerca del agua. Algunas familias viven en casas sobre pilotes. Los pilotes son postes altos, que ayudan a proteger las casas del agua.

Casas sobre pilotes en Chile

Tamales mexicanos

Una familia coreana comparte una comida.

La comida es una parte importante en la vida de todas las familias. La comida de una familia está muy relacionada con la cultura. Algunas familias también comen comidas de otras culturas.

Algunas familias de Corea comen arroz y pescado. La comida de México incluye, a menudo, arroz y frijoles. La pasta es una comida común de Italia.

Un plato de pasta

Una familia de Japón

Las personas de una familia hablan entre sí. Diferentes familias hablan **idiomas** diferentes. La manera en la que se hablan las personas de una familia está muy relacionada con la cultura.

En japonés, al abuelo se le suele llamar *ojiisan*, y a la abuela, *obaasan*.

En Sudáfrica, cuando las familias se visitan, se saludan diciendo *¡sawubona!*

Quiere decir *¡hola!*

Una familia de Sudáfrica

(t) Dex Image/Getty Images (b) Heinrich van den Berg/Getty Images

Una familia de la India

Una familia de Estados Unidos

Todas las familias tienen celebraciones. En India, las familias celebran la fiesta de *Diwali*. Afuera de las casas, se encienden hileras de lámparas llamadas *dipa*. En Estados Unidos, las familias celebran el Día de la Independencia. Hay fuegos artificiales y desfiles.

¿Qué celebras tú con tu familia?

Haz conexiones

¿En qué se parecen y en qué se diferencian estas familias del mundo? **PREGUNTA ESENCIAL**

¿En qué se parecen las familias de este texto a otras familias sobre las que leíste? ¿En qué se diferencian? **EL TEXTO Y OTROS TEXTOS**

Género • Fantasía

Lom y los nudones

Kurusa
Ilustraciones de Isabel Ferrer

Pregunta esencial

¿Cómo se ayudan los amigos?

Lee acerca de cómo un amigo ayuda a otro a solucionar un problema.

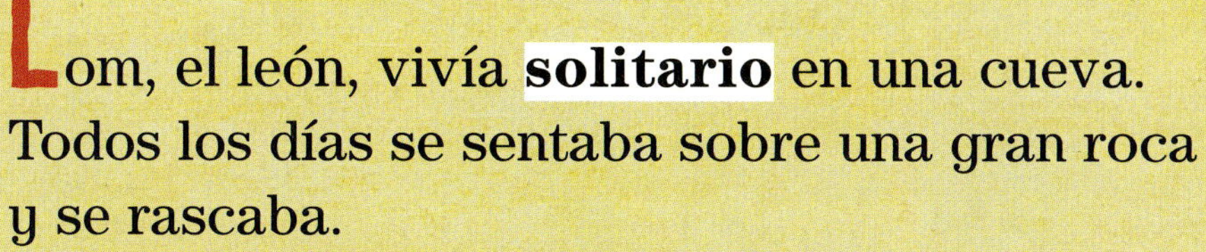

Lom, el león, vivía **solitario** en una cueva. Todos los días se sentaba sobre una gran roca y se rascaba.

—¡Ay! ¡Me pica! —decía.

Un día, apareció por allí el Garzón Soldado.

—¿Qué te pasa, Lom? —preguntó.

—¡Ay! Es que me pica —se quejó Lom.

—Tienes que peinarte —dijo el Garzón Soldado.

—Yo nunca me peino —contestó Lom.

—Mmmmmm —dijo el Garzón Soldado—. Qué interesante. Veo migas de pan, chicle y unos moquitos. También veo unos nudones.

—¿Nudones? —preguntó Lom.

La **melena** de Lom estaba llena de nudos, nuditos, nudotes y nudazos. Y en los nudos, los nudones habían comenzado a hacer sus nidos.

—¡Ayy! ¡Cómo me pica! —gritaba Lom.

—Si te peino, los nudones se irán —dijo el Garzón Soldado—. ¿Te peino?

—¡No! —rugió Lom.

Pica, pica, pica.

Rasca, rasca, rasca.

—¿Hasta cuándo me va a picar? —gritó Lom.

—Hasta que te peines —dijo el Garzón Soldado.
Y siguió su camino.

AHORA COMPRUEBA

Visualizar ¿Qué ocurriría con los nudones si Lom se peinara? Aplica la estrategia de visualizar para ayudarte a comprender cuál es el problema de Lom.

Mientras tanto los nudones **se acomodaron** en la melena de Lom a comer miguitas. Y susurraban:
—¿Y qué tal si invitamos a nuestros primos los piojones?

Y Lom gritaba: —¡Ay! ¡Me pica!

Por fin, Lom no aguantó más y salió en busca del Garzón Soldado.

—Ya me puedes peinar —le dijo.

—¡Qué bien! —dijo el Garzón Soldado. Pero el peine **se atascaba** en medio de los nudos y los nudazos.

—El peine no pasa —dijo el Garzón Soldado—. Tendré que cortarte la melena.

—¿Cortar mi melena roja? ¡Jamás! —rugió Lom.

Los nudones seguían gozando. De vez en cuando se acordaban de sus primos los piojones: —¿Los invitamos o no los invitamos?

—¡Ay! ¡Ayyy! ¡Ay! —gritaba Lom—. No soporto más.

Y salió en busca del Garzón Soldado.

—Ya puedes cortarme el pelo —dijo Lom.

—¡Qué bien! —dijo el Garzón Soldado.

Afiló su largo pico y…

¡CLAC! ¡CLAC! ¡CLAC!

Cortó la gran melena roja.

—¡Ya no me pica! —gritó Lom.

—Ya no tienes nudos ni nudones —dijo el Garzón Soldado—. Pero… tampoco tienes tu melena.

Lom se miró en el río. ¡Qué susto!

—¡Uy! ¿Ese pinchudo tan feo soy yo?

—¡Síííííííí! —rieron todos los animales de la sabana—. Lom es un puercoespín.

Lom se escondió en su cueva. **Apareció** el Garzón Soldado y asomó su largo pico.

—¿Qué te pasa, Lom? —preguntó.

—Todos los animales se burlan de mí. Y tengo frío. Siento el viento en mi lomo —suspiró Lom.

—Tu melena volverá a crecer. Toma este peine. Ahuyentará a los nudones —dijo el Garzón Soldado y siguió su camino.

AHORA COMPRUEBA

Visualizar ¿Por qué Lom se esconde en la cueva? Aplica la estrategia de visualizar para ayudarte a comprender cómo se siente Lom en la cueva.

—No soy un puercoespín —repetía Lom—. Soy un león.

De repente, oyó un ruidito en la entrada de la cueva.

—¿Quién anda por ahí? —preguntó.

Silencio.

Lom se levantó. El ruidito cesó. Lom se sentó. El ruidito volvió a empezar.

—¡AAAAAAAARRRGGH! —rugió Lom—. ¿Quién está allí?

Al pie de la roca había un bebé puercoespín. Lom miró al puercoespín. El puercoespín miró a Lom:
—¡Mamá! ¡Te encontré! —gritó feliz el puercoespincito y de un salto le dio a Lom un beso pinchoso en la nariz.

—¡No soy un puercoespín! —gritó Lom—. ¡Y no soy tu mamá!

El bebé puercoespín tocó el pelo pinchoso de Lom.

—Pinchas como mi mamá —dijo—. ¡Eres mi mamá!

El puercoespín subió por la pierna de Lom y se sentó en su espalda. Feliz, **se acurrucó** como una pequeña pelota y se quedó dormido.

—¡AAAARGHHHH! —rugió Lom—.

Aagghhhh arghhhhh —suspiró.

Sacó el gran peine que le había dado el Garzón Soldado y empezó a peinarse.

Y desde entonces, Lom se peina todos los días.

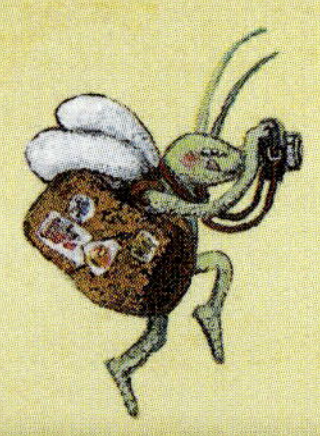

Con peines y tijeras

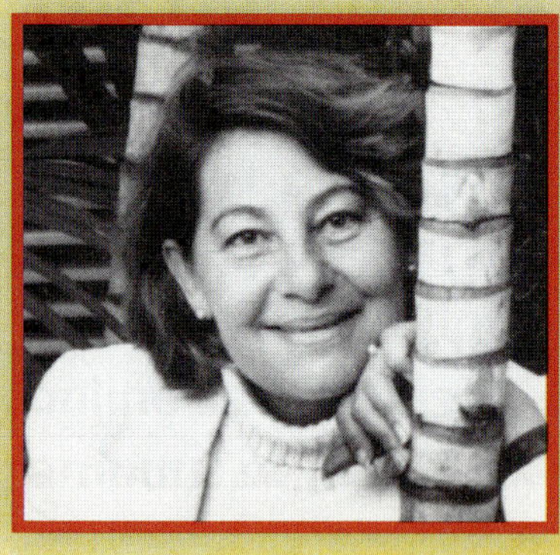

Kurusa

nació en Caracas, Venezuela. Es una gran viajera y le gustan mucho el mar y los veleros. Vive en Caracas con su hija y varios animales. Y un secreto: siempre soñó con tener una salvaje melena roja.

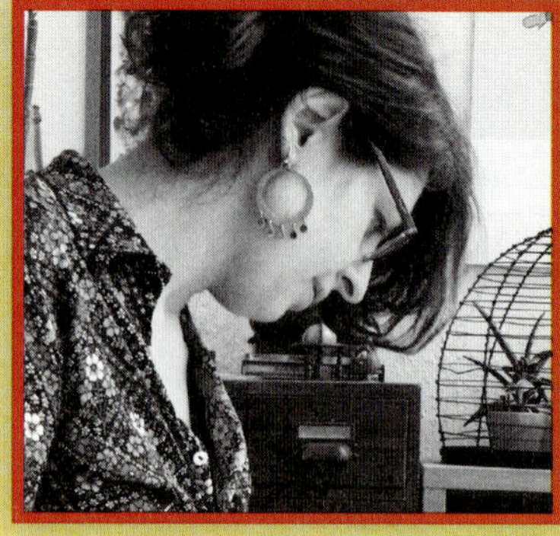

Isabel Ferrer

nació en Barcelona, España. Se licenció en Biología y luego estudió ilustración en La Llotja. En el año 2002 ganó el premio Merce Llimona como ilustradora. Le gusta dibujar todo tipo de animalitos, particularmente nudones.

(l) Carmen Diana Dearden; (r) Carmen Diana Dearden

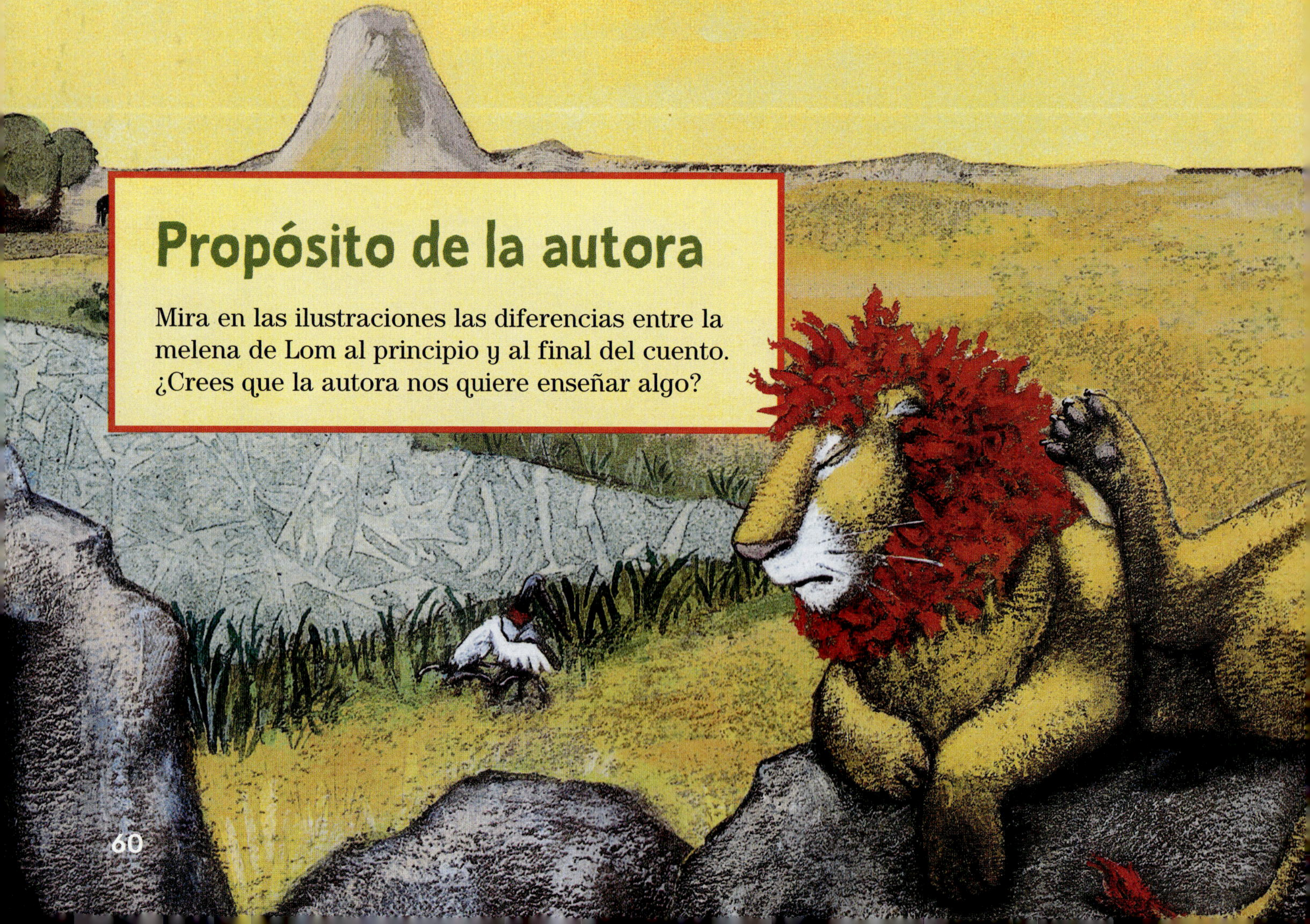

Propósito de la autora

Mira en las ilustraciones las diferencias entre la melena de Lom al principio y al final del cuento. ¿Crees que la autora nos quiere enseñar algo?

Respuesta al texto

Resumir

Resume el cuento. Piensa en los detalles importantes. La información de tu tabla de detalles clave puede ayudarte.

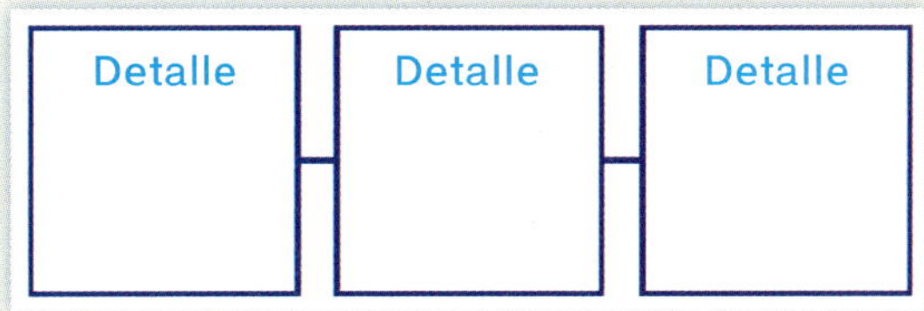

Escribir

¿Cómo demuestra la autora la importancia de ayudar a los amigos? Completa estas oraciones para ayudarte a contestar la pregunta:

La autora demuestra que...
Las técnicas que usa...

Hacer conexiones

¿Cómo se ayudan los animales de este cuento?
PREGUNTA ESENCIAL

¿Cómo puede un amigo ayudarte a resolver un problema o a hacer algo que no puedes hacer solo?
EL TEXTO Y EL MUNDO

Género • Cuento folclórico

Compara los textos
Lee este cuento de Guatemala acerca de cómo unos campesinos reciben ayuda.

El caballito de los siete colores

En una pequeña aldea vivían unos campesinos que cultivaban maíz, calabazas y tomates. Los vecinos colaboraban en las tareas, y así el trabajo resultaba más sencillo. Pero todas las mañanas se encontraban con una triste sorpresa. ¡La huerta estaba revuelta y faltaban hortalizas!

Germán, uno de los más jóvenes, tuvo la idea de esconderse detrás de unos pastos altos.

—¡Así sabremos quiénes se llevan nuestros cultivos!

Apenas se acurrucó en su escondite, divisó unos caballos que se acercaban. Eran de colores muy brillantes: rojo, azul, verde, amarillo. Germán corrió hacia ellos y lanzó una cuerda. Con su rápida **acción**, Germán logró atrapar a uno. ¡Su melena y su pelaje tenían los colores del arcoíris!

El caballito no intentó escapar. Miró a Germán a los ojos y le ofreció: —Si me sueltas, haré que tus hortalizas germinen en un instante. Puedes **depender** de mí.

El joven aceptó el trato. Así fue como los vegetales crecieron más grandes que nunca. El caballo venía de una región donde los animales tenían poderes mágicos.

Germán llamó "Arcoíris" a su nuevo amigo. Y el caballo le prometió que regresaría cada año para ayudar con la siembra.

—Te esperaremos con alegría. ¡Ven con todos tus amigos! Organizaremos un gran banquete. Las hortalizas más deliciosas, ¡serán todas para ustedes!

Haz conexiones

¿Cómo ayuda el caballito a Germán y a los demás campesinos? **PREGUNTA ESENCIAL**

Piensa en las selecciones que leíste esta semana. ¿De qué otras maneras se ayudan los amigos? **EL TEXTO Y OTROS TEXTOS**

Las familias trabajan juntas

Pregunta esencial

¿Qué ocurre cuando las familias trabajan juntas?

Lee sobre una familia en la que todos trabajan juntos en una granja.

¿Cómo funciona una granja familiar?

Son las 3:45 de la mañana de un martes. Mary Gelder está lista para ir a trabajar. Ella y su madre viajan muchos kilómetros desde su granja, en Michigan, hasta Chicago. Venden frutas y verduras en un mercado agrícola. Los **clientes** visitan su puesto para comprar alimentos frescos. "Me encanta ver quién va a comer los alimentos que mi familia cultivó con tanto esfuerzo", dice Mary. Luego de un largo día, regresan a casa. El sábado volverán a este mercado.

Pero aún no termina su día de **trabajo**. Realizan **quehaceres** diferentes cada día. La familia planta, riega y recoge frutas y verduras.

AHORA COMPRUEBA

Hacer y responder preguntas ¿Qué trabajo realiza la familia Gelder todos los martes? Vuelve a leer para encontrar la respuesta.

Courtesy of Ellis Family Farms and Christina Gelder

Otra de las tareas de Mary es cuidar de las gallinas. Sus hermanos arreglan camiones y tractores. **Revisan** las **herramientas**, como las palas y los taladros. La madre de Mary, René, se ocupa del dinero y dirige a los trabajadores.

La familia Gelder **elige** qué plantar, según la demanda. En verano, la gente quiere fresas. Entonces, plantan una gran cantidad. A veces, venden menos fresas de las que tienen.

Con la fruta que sobra, hacen mermeladas. "¡Me encantan las fresas!", dice Mary. "Es fantástico comer mermelada en invierno, cuando no hay fresas frescas".

Producción y consumo

Algunas personas producen las mercancías que la gente compra. Quien compra una mercancía o producto, es un consumidor. Veamos una lista de productos y quiénes los consumen.

Producto	¿Quién lo consume?
Bicicletas	Niños y atletas
Libros	Lectores, maestros y estudiantes
Alimentos	Personas y animales
Automóviles	Conductores

La granja de la familia Gelder produce manzanas y otras frutas.

La gente compra mermelada y alimentos frescos en el puesto de la familia Gelder.

Dirigir una granja **cuesta** dinero. La familia trata de ahorrar. Compraron un calefactor a leña que se utiliza al aire libre. Con los árboles más viejos hicieron leña para calentar su hogar y el granero. Esto los ayudó a **gastar** menos dinero cuando hace frío. "Nos ayudamos y ayudamos al medio ambiente", dice René. "¡Estoy orgullosa de mi familia y de nuestra granja!".

Respuesta al texto

1. Resume el texto basándote en los detalles importantes. **RESUMIR**
2. ¿Cómo ayuda la granja familiar a proporcionar alimentos a otros? **ESCRIBIR**
3. ¿Cómo ayuda a otras personas el trabajo de la familia Gelder? **EL TEXTO Y EL MUNDO**

Género • Texto expositivo TIME FOR KIDS®

Compara los textos

Lee por qué la gente fabrica bienes y presta servicios.

¿Por qué trabajamos?

Mira a tu alrededor. Las cosas que ves, fueron producidas, o fabricadas, por una persona en el trabajo. Estas cosas se llaman bienes.

Algunas personas prestan u ofrecen servicios. Los servicios son actividades que realizan las personas.

Maskot/Getty Images

Estas personas prestan servicios que nos mantienen sanos y protegidos.

En las fábricas, las personas producen bienes, como los automóviles.

Los maestros y los camareros prestan servicios. Un maestro ayuda a los estudiantes a aprender. Un camarero lleva la comida a tu mesa.

Cuando fabrican bienes o prestan servicios, las personas ganan dinero. Así pueden comprar los bienes y servicios que necesitan y que **cuestan** dinero. Quien compra cosas, es un consumidor.

Los artículos que debes tener para vivir son necesidades, como la comida o la ropa. A veces, deseas tener otras cosas. Esas cosas son deseos, como los juegos o los libros.

¿Y tú? ¿Crearás bienes o prestarás servicios? ¡Tú decides!

Haz conexiones

¿Qué sucede cuando las personas trabajan juntas? **PREGUNTA ESENCIAL**

¿De qué manera trabajan juntas las personas para que tú puedas comprar cosas? **EL TEXTO Y OTROS TEXTOS**

Género • Ficción

Pregunta esencial

¿Cómo puede una mascota ser un buen amigo?

Lee acerca de un niño que se comunica con su perro.

¡Conéctate!

¡VAYA CON MI AMIGO BARTOLO!

Aída E. Marcuse
Ilustraciones de María Lavezzi

—¡Ven, Bartolo!
En cuanto lo llamo, mi perro corre hacia mí.

—¡Mi primo Luis me envió este correo.
El perro salta sobre mis rodillas y yo leo:

Querido Víctor:

¿Cómo estás? Te escribo para decirte que mis padres y yo pasaremos este fin de semana en tu casa. Así que... ¡ve pensando qué haremos para divertirnos! Tengo muchas ganas de verte. Recibe un abrazo por adelantado. Saludos,

Luis

Bartolo no puede quedarse quieto hasta que yo termine la lectura. Salta al suelo y brinca a mi alrededor.

—¿Qué haremos cuando llegue Luis? ¿Se te ocurre algo? —le digo cuando se sienta a mi lado.

Ya no llueve. Bartolo **corretea** en el jardín, escarba al pie de un árbol, desentierra un hueso y me lo trae.

—¡Eso no! ¡No vamos a hacer hoyos y enterrar huesos en el jardín, como tú!

Bartolo vuelve al jardín con su hueso, y ve al gato, que mira a un pájaro en la rama de un árbol.

El perro se acerca al gato distraído y ladra, casi en su oreja:

—¡Guauuuuguauuu!

El gato da un **brinco**, el pájaro vuela a una rama más alta, y Bartolo ladra, contento con su travesura.

—¿Qué tal si me ayudas a pensar qué haremos cuando llegue mi primo? —le recuerdo.

Bartolo salta con las cuatro patas adentro de un charco y chapotea.

—¡Sí, eso mismo! El viernes llevaremos a Luis a nadar en el lago.

AHORA COMPRUEBA

Hacer y responder preguntas

¿Cómo se comunican Víctor y Bartolo? Vuelve a leer para hallar la respuesta.

—El sábado, si está lindo, iremos a jugar al fútbol con mis amigos. Y si llueve, podemos jugar a los bolos. Después iremos a comer una hamburguesa y al cine.

En cuanto digo "comer", Bartolo menea la cola.

—Sí, ya sé, a ti también te gustan las hamburguesas.

—¡Guauuuu! —**asiente** Bartolo y sonríe de oreja a oreja.

—El domingo comeremos todos en casa de los abuelitos. Mis tíos y Luis se marcharán después de cenar, y habremos pasado un fin de semana excelente, ¿verdad?

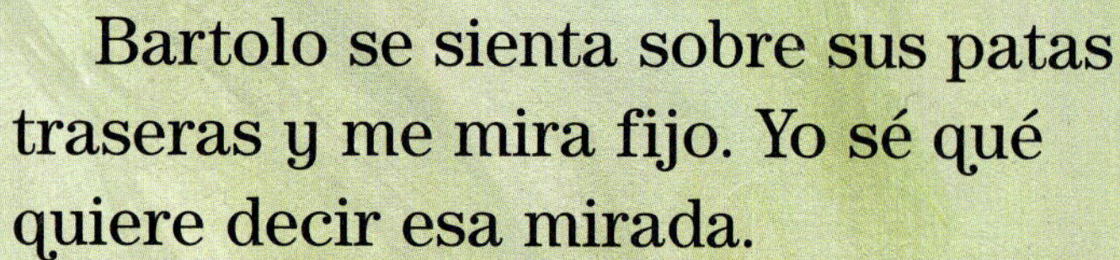

Bartolo se sienta sobre sus patas traseras y me mira fijo. Yo sé qué quiere decir esa mirada.

—¡Por supuesto, Bartolo! ¡Eres mi mejor amigo! Vendrás a todos lados con nosotros. Pero no agarres la pelota de fútbol con el hocico y la lleves fuera de la cancha.

AHORA COMPRUEBA

Visualizar ¿Qué quiere decirle Bartolo a Víctor? Aplica la destreza de visualizar para ayudarte a entender el cuento.

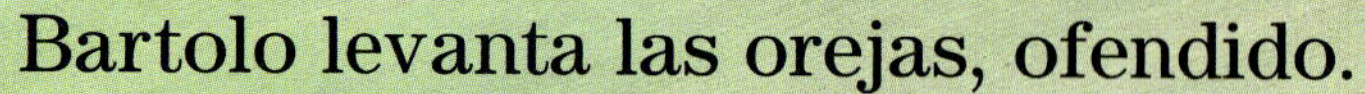

Bartolo levanta las orejas, ofendido.

—Está bien, no te enojes, hacías eso cuando eras cachorro y ahora eres grande —le acaricio la cabeza para calmarlo.

—Te daré unas **migajas** de mi hamburguesa —agrego.

—¡Guauuuu! —Bartolo menea la cola, contentísimo.

Se echa de espaldas y yo le hago **cosquillas** en la **panza**.

Bartolo sabe que siempre comparto con él lo que como, incluso aquello que no me gusta, como el repollo.

El perro apoya las patas delanteras en mi pecho.

—¡Basta, Bartolo, déjame! —lo regaño en vano. El perro se estira un poco y me lame la cara.

—¡Ya, basta, te digo!

Pero esa es su forma de decirme cuánto me quiere, así que siguió.

—¡Guau, guau, guauu! —Bartolo me deja en paz, baja al suelo y da varios ladriditos.

—Gracias, Bartolo, con tu ayuda hicimos un buen plan para la visita de mi primo.

Bartolo suspira de felicidad, se acuesta a mis pies, cierra los ojos y se duerme.

Cuentos con mascotas

Aída E. Marcuse nació en Montevideo, Uruguay. Vivió en Buenos Aires, Caracas, Lima y Miami, Estados Unidos. Cuando no está escribiendo libros para niños, es traductora literaria, hace jardinería, cocina o está viajando. ¡Y todavía tiene tiempo para ocuparse de su perro y de sus gatos!

María Lavezzi nació en Buenos Aires, Argentina. Desde muy pequeña sintió fascinación por el dibujo y la pintura. Obtuvo varios premios en áreas como el grabado y el dibujo. En la actualidad se dedica a la ilustración infantil y a la docencia.

(t) Courtesy of Aída E. Marcuse; (b) Courtesy of María Lavezzi

Propósito de la autora

Aída nos cuenta cómo se comunican entre sí un niño y su perro. ¿Por qué crees que escribió sobre este tema?

Respuesta al texto

Resumir

Usa los detalles importantes del cuento para resumir qué le sucede a Víctor. Ayúdate con la tabla de personaje, ambiente y sucesos.

Personaje	Ambiente	Sucesos

Escribir

¿Qué recursos utilizan la autora y la ilustradora para mostrar la amistad entre un niño y su mascota? Organiza las evidencias del texto con los siguientes marcos de oración:

La autora y la ilustradora utilizan...
Esto significa que...

Hacer conexiones

¿Cómo puede un perro ser un buen amigo? PREGUNTA ESENCIAL

Piensa en lo que aprendiste en este cuento. ¿Cómo puede ser la amistad entre los niños y sus mascotas? EL TEXTO Y EL MUNDO

Género • Poesía

Compara los textos

Lee acerca de la **amistad** entre una niña y su gato.

Sabrina Dieghi

El gato soñador

Mi gato sueña
que es marinero
y con su dueña
va en un velero:
surcando mares
llega a lugares
del mundo entero.
Sigue soñando,
mi buen amigo,
porque yo quiero
viajar contigo.

Hilario Morado

¿? Haz conexiones

¿En qué sentido es un buen amigo esta mascota? **PREGUNTA ESENCIAL**

En lo que leíste esta semana, compara cómo **se relacionan** las personas y los animales. **EL TEXTO Y OTROS TEXTOS**

Género • Narrativa de no ficción

Lola y Tiva

Una extraña amistad

Contado por **JULIANA, ISABELLA** *y* **CRAIG HATKOFF**

Fotografías de **Peter Greste**

Pregunta esencial

¿Cómo cuidamos a los animales?

Lee acerca de una niña que cuida a su rinoceronte.

¡Conéctate!

En Kenia (África), existe un lugar muy especial. Es la Reserva Natural Lewa. Lewa es muy grande. Allí los animales andan sueltos y los guardabosques los cuidan. Una niña pequeña llamada Tiva vivía en la reserva con su familia. Su padre trabajaba en Lewa.

En Lewa, todos sabían que Tiva quería tener un perrito. Pero eso no estaba **permitido**. Entonces, buscaron una mascota diferente para Tiva: una joven rinoceronte negra llamada Lola. Para Tiva, Lola era como un cachorrito. Las dos se hicieron grandes amigas. Esta es su historia, una historia real.

Lola nació en Lewa. Su mamá rinoceronte era ciega. Durante sus primeros días de vida, Lola se quedó junto a su madre. Se alimentó con su leche. Pero en cuanto pudo caminar, **se alejó** y se fue a otra zona de Lewa. La mamá no podía ver que Lola se apartaba. Si no estaba cerca para alimentarla y protegerla, Lola corría peligro.

Animales sueltos en Lewa

Lola no tenía comida. En cualquier momento podía atacarla un animal **hambriento**. No sabía dónde estaba su mamá. La mamá era ciega y no podía encontrarla. Los guardabosques de Lewa empezaron a buscar a Lola. Cuando la hallaron, la llevaron a un **refugio** que estaba cerca de la casa de Tiva. Allí Lola estaría fuera de peligro.

Tiva estaba **entusiasmada** con la llegada de Lola. Como cualquier bebé, Lola **necesitaba** muchos **cuidados**. Necesitaba tomar leche. Tiva aprendió a alimentarla. Lola bebía cinco biberones de leche por día. ¡Y cada biberón tenía casi un galón!

Tiva amaba a Lola. Lola parecía un cachorro gigante.

Quería trepar a cualquier lado.
Lamía y olfateaba todo.

Lola pide comida durante la cena.

AHORA COMPRUEBA

Hacer y responder preguntas ¿En qué se parece Lola a un cachorro gigante? Vuelve a leer el texto para hallar la respuesta.

Como cualquier mascota, Lola no quería posar cuando Tiva intentaba fotografiarla. Quería dormir la siesta.

Pero sí le gustaba que Tiva le acariciara la cabeza.

Claro que los rinocerontes no son iguales a los perros. Tampoco comen alimento para perros. Cuando Lola tuvo unos cinco meses, empezó a alimentarse como un rinoceronte de verdad. Comía arbustos, ramas y hojas. Los rinocerontes tienen el labio superior en forma de gancho. Les sirve para agarrar comida. Lola podía rodear ramitas y hojas con el gancho. Sin embargo, todavía le gustaba la leche.

Los rinocerontes que viven en **libertad** suelen ser tímidos. Casi siempre se alejan si ven o huelen a una persona. Pero Lola era muy joven. Todavía no temía a las personas. Así, Tiva y los guardabosques se convirtieron en su familia.

A los rinocerontes bebés se los llama “crías”. Sus mamás las cuidan durante dos años. Lola necesitaba que alguien la cuidara. Entonces, Tiva se convirtió en su mejor amiga.

Lola necesitaba muchos cuidados. Tiva le sacaba los insectos, porque podían enfermarla. Las aves se comen los insectos que hay en la piel de los animales que viven en libertad. Pero las aves no podían ayudar a Lola. Siempre estaba rodeada de muchas personas.

También había que bañar a Lola, ¡pero tenían que ser baños de lodo! Los rinocerontes se revuelcan en el lodo. Es algo muy importante para ellos.

El lodo protege la piel de los rinocerontes del sol. Al secarse, el lodo forma una capa que también los defiende de los insectos.

Tiva le enseñó a Lola a revolcarse en el lodo. No es fácil. Hace falta mucha práctica.

Los rinocerontes no tienen que quitarse el lodo con que se bañan. ¡Pero las niñas sí!

Lola y Tiva pasaban juntas el día entero.

Lola aprendía las cosas que hacen los rinocerontes. Tiva aprendía mucho sobre la amistad.

Se divertían tanto que al final del día estaban agotadas.

Ahora Lola ya es casi adulta. Ya es muy grande para jugar con Tiva como antes.

Los momentos que pasaron juntas siempre serán especiales. Después de todo, una niña nunca olvida a su mejor amiga.

AHORA COMPRUEBA

Hacer y responder preguntas ¿En qué cambiaron Lola y Tiva? Vuelve a leer el texto para hallar la respuesta.

Una carta de Juliana, Isabella y Craig Hatkoff

Queridos lectores:

¿Qué puede hacer una niña en África si no la dejan tener un perrito? ¡Tener un rinoceronte! Bueno, esto es posible si la niña vive en una reserva natural, como Tiva. Cuando vimos las fotos de Lola y Tiva jugando, nos enamoramos de su historia. Creemos que los niños que aman a los animales, desean alimentar y cuidar a un animal salvaje, hacerse su amigo. Ojalá disfruten de la historia de Lola y Tiva.

Con mucho cariño les enviamos nuestros deseos de paz,
Craig, Juliana e Isabella Hatkoff

Peter Greste

Peter saca fotos para un periódico. Una de sus historias muestra la amistad entre un hipopótamo bebé y una tortuga gigante.

Propósito de los autores

Los autores escriben con un motivo o propósito. ¿Por qué escribieron este libro sus autores? Usa ejemplos del texto para apoyar tu respuesta.

Respuesta al texto

Resumir

Usa detalles clave para resumir los cuidados que necesita una cría de rinoceronte negro. Explica también qué hizo Tiva para dar a Lola esos cuidados. La información de la tabla de detalles clave puede serte útil.

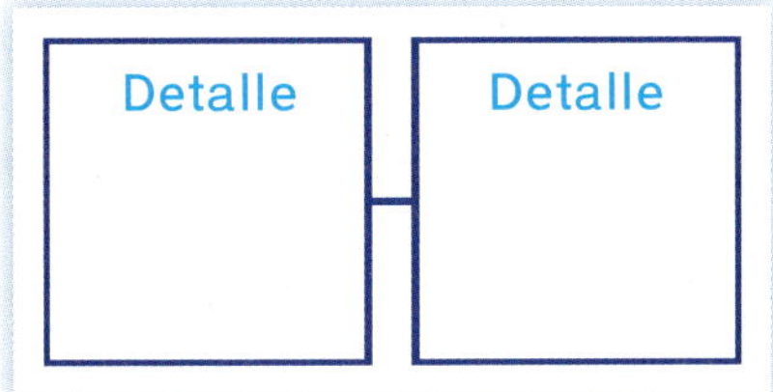

Escribir

¿Qué detalles del texto y de las fotos muestran que Tiva fue una buena amiga para Lola? Usa estos marcos de oración:

En el texto leo...

En las fotos veo...

Hacer conexiones

¿Cómo cuidaban Tiva y su familia a Lola?
PREGUNTA ESENCIAL

¿Conoces otros casos de amistad entre animales y personas? Comenta a un compañero qué hacían esos amigos para cuidarse entre sí.
EL TEXTO Y EL MUNDO

Género • Entrevista

Compara los textos

Lee acerca de los cuidados que reciben los animales en los refugios.

¿Qué necesitan los animales?

Ana es la encargada de un refugio de animales. Le hicimos preguntas sobre los **cuidados** que reciben los animales allí. En esta entrevista, luego de la letra **P** están las preguntas que hicimos, y luego de la letra **R** están las respuestas de Ana.

Ana es la dueña del refugio "Mis amigos, los animales".

P: ¿Qué es un refugio de animales?

R: Un refugio de animales es un lugar donde están aquellos que necesitan un dueño que los cuide.

P: ¿Qué animales viven en el refugio?

R: Aquí tenemos perros, gatos y conejos.

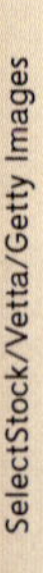

Los cuidados que necesita un cachorro son distintos de los que precisa un perro adulto. Para crecer, el cachorro tiene que comer más veces por día.

P: ¿Cómo se aseguran de que los animales reciban los cuidados que **necesitan**?

R: No es fácil. Necesitan comida, agua, aire y un lugar donde estén protegidos. Además, cada animal precisa cuidados distintos. Algunos, como los perros, comen carne. Otros, como los conejos, comen verduras. A los perros, que necesitan hacer ejercicio, los saco a pasear con la correa. Pero si hiciera eso con un gato, ¡se enojaría mucho! No le estaría dando los cuidados que necesita.

P: ¿Hay otras personas que trabajan en el refugio?

R: Tenemos un veterinario, que es el médico de los animales. Él se ocupa de cuidar su salud.

Haz conexiones

¿Cómo cuidan a los animales en este refugio? **PREGUNTA ESENCIAL**

Piensa en los animales sobre los que has leído esta semana. ¿En qué se parecen los cuidados que necesitan? **EL TEXTO Y OTROS TEXTOS**

Género • Texto expositivo

Osos bebés

por
Bobbie Kalman

Pregunta esencial

¿Cómo se parecen las crías a sus padres?

Lee para averiguar cómo se parecen los osos bebés a su mamá y a su papá.

¡Conéctate!

¿Qué es un oso?

Los osos son animales **mamíferos**. Los mamíferos tienen pelo, o **pelaje**, en el cuerpo. Los osos están **cubiertos** de pelo. Los mamíferos nacen de una madre. Los seres humanos también somos mamíferos.

Los osos bebés se llaman oseznos. Nacen con los ojos cerrados. Los abren cuando tienen unas seis semanas de edad. Las **crías** de oso pardo tienen muy poco pelaje.

Los mamíferos producen leche cuando tienen crías. Las madres amamantan a sus crías. Amamantar es dar leche a las crías.

Esta osa polar amamanta a su cría.

Especies de osos

Hay ocho especies de osos. Los osos que se muestran en esta página son un oso negro americano, un oso pardo y un oso polar. Todos estos osos viven en América del Norte.

Los osos negros americanos pueden ser de diferentes colores. ¿Qué colores muestra este oso negro?

Hay diferentes especies de osos pardos. El oso gris es una especie de oso pardo.

Los osos polares tienen pelaje blanco. Viven en un lugar frío llamado Ártico.

En el pasado, las personas que estudiaban a los osos creían que los pandas gigantes eran mapaches. Ahora creen que estos animales son osos. No quedan muchos pandas gigantes en el mundo. Los pandas gigantes viven en China.

AHORA COMPRUEBA

Volver a leer ¿Qué animal se creía que eran los pandas gigantes? Vuelve a leer para comprobarlo.

El cuerpo de los osos

Los osos tienen cuatro patas. Pueden caminar sobre las cuatro patas o sobre las dos patas traseras. En cada pata tienen cinco dedos con garras. Las garras son uñas curvas.

Este oso gris tiene un pelaje color café que le cubre el cuerpo.

Los osos huelen, oyen y ven muy bien.

Los osos usan las garras para trepar y cavar.

El pelaje de los osos

Los osos tienen dos tipos de pelaje. En algunas partes su pelaje es corto y en otras partes, es largo. El pelaje corto los mantiene calientes. El pelaje largo aleja el agua de su piel.

El pelaje de los osos polares es grueso y blanco.

El oso panda es blanco y negro.

Familias de osos

Una familia de osos está formada por una osa madre y sus crías. La mayoría de las osas tienen camadas de oseznos. Una camada son dos o más crías que nacen al mismo tiempo. Esta osa gris tiene tres oseznos.

Feng Wei Photography/Moment Open/Getty Images

Esta osa madre enseña a sus crías a trepar a un árbol. Las madres también les enseñan a **acicalarse** el pelaje para estar limpios.

Las crías viven con su madre hasta que tienen dos o tres años de edad. La observan para aprender a vivir solos. Las osas madres enseñan a sus crías dónde encontrar comida y cómo cuidarse.

age fotostock/SuperStock

¿Qué comen los osos?

La mayoría de los osos son omnívoros. Los omnívoros son animales que comen plantas y animales. Los osos comen miel, bayas, hojas y huevos. También comen insectos, peces y otros animales. Los osos polares son carnívoros. Comen principalmente otros animales. Los osos pandas son herbívoros. Los herbívoros comen plantas.

Los osos pandas comen plantas llamadas bambú.

Los hábitats de los osos

Los osos viven en diferentes lugares. El lugar natural donde vive un oso se llama hábitat. Muchos osos viven en los bosques. Los bosques son hábitats con muchos árboles. Algunos osos viven en las montañas. Los osos pandas viven en bosques que están en las alturas de las montañas. El bambú crece en estos bosques.

Los osos negros viven en los bosques de América del Norte.

AHORA COMPRUEBA

Hacer predicciones ¿Qué encontrará este oso para comer? Usa la estrategia de Hacer predicciones como ayuda.

Sueño invernal

Algunos osos viven en lugares que tienen inviernos fríos. Les resulta difícil encontrar comida cuando hace frío. Para mantenerse **vivos**, duermen la mayor parte del invierno. Durante el verano y el otoño, comen mucho. Almacenan la comida como grasa en el cuerpo. Se alimentan de esa grasa durante el invierno.

Estos osos pardos están comiendo muchos salmones. Así estarán preparados para sobrevivir durante el invierno.

StephenSchwartz/iStock/360/Getty Images

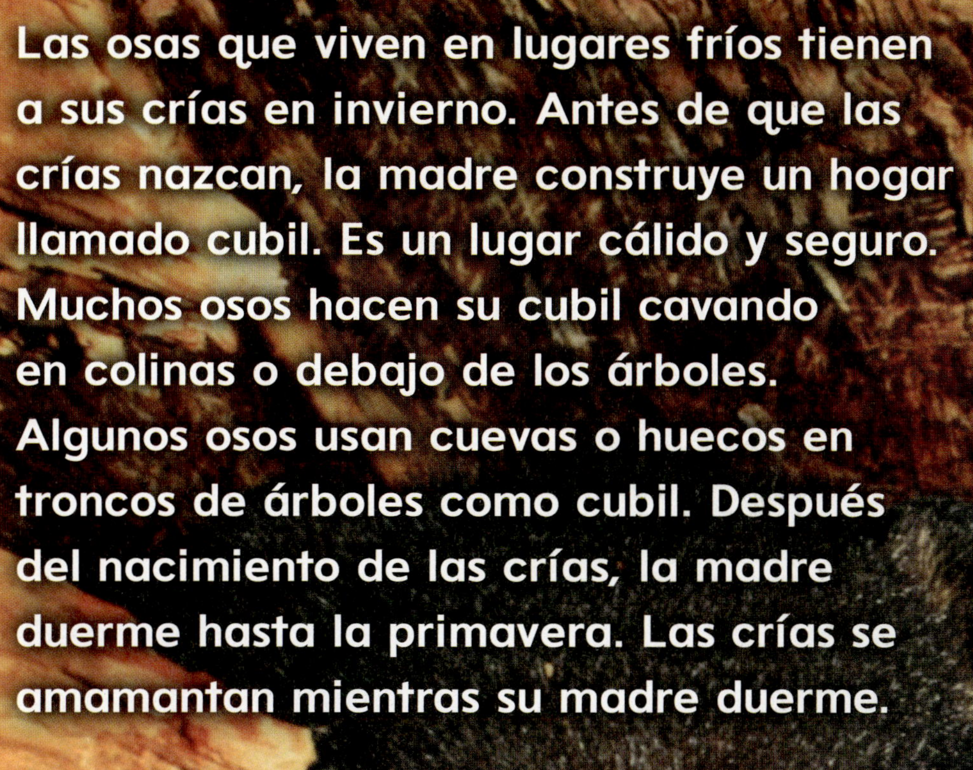

Las osas que viven en lugares fríos tienen a sus crías en invierno. Antes de que las crías nazcan, la madre construye un hogar llamado cubil. Es un lugar cálido y seguro. Muchos osos hacen su cubil cavando en colinas o debajo de los árboles. Algunos osos usan cuevas o huecos en troncos de árboles como cubil. Después del nacimiento de las crías, la madre duerme hasta la primavera. Las crías se amamantan mientras su madre duerme.

Los osos polares cavan un túnel en la nieve para hacer un cubil.

(inset) Jenny E. Ross/Corbis Documentary/Getty Images; (bkgd) Raymond Gehman/Corbis Documentary/Getty Images

Las crías crecen

Cada oso atraviesa una serie de cambios durante su ciclo de vida. Un ciclo de vida comienza cuando nace una cría. La cría crece y cambia. Después se convierte en un oso **adulto**. Estas fotos muestran el ciclo de vida de un oso negro americano.

Los osos adultos tienen crías.

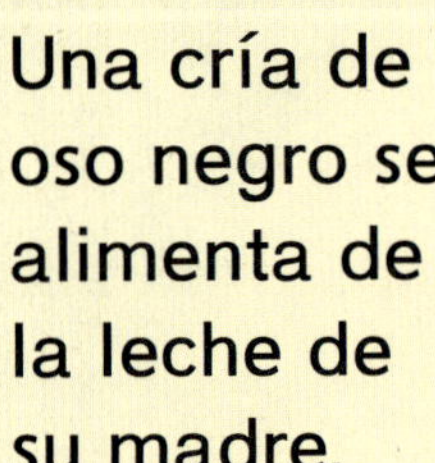

Una cría de oso negro se alimenta de la leche de su madre.

Al poco tiempo, la cría abandona el cubil. Todavía se amamanta, pero también empieza a comer otros alimentos.

La cría se convierte en adulto cuando tiene entre tres y cinco años de edad.

Esta osa madre y sus crías están buscando comida en el bosque. Las crías pronto empezarán a vivir solas y a buscar comida por su cuenta.

Esta cría de oso negro acaba de abandonar su cubil. Está empezando a conocer el mundo. ¡Pronto descubrirá por qué no debe jugar con zorrillos!

(bkgd) Philip Mugridge/Alamy Stock Photo (bl) John E Marriott/All Canada Photos/age fotostock (br) Comstock/PunchStock

Conozcamos a la autora

Bobbie Kalman escribió sobre muchas especies de animales. Una vez pasó meses en Hawái con delfines y ballenas antes de escribir sobre ellos. *Osos bebés* es su primer libro sobre animales bebés. A Bobbie le encanta escribir sobre animales.

Propósito de la autora

A menudo, los autores usan encabezados en los textos expositivos. ¿Cuáles son algunos de los encabezados de *Osos bebés*? ¿Cómo te ayudan a entender la información?

Respuesta al texto

Resumir

Resume el texto. Piensa en los detalles importantes. La información de tu tabla puede ayudarte.

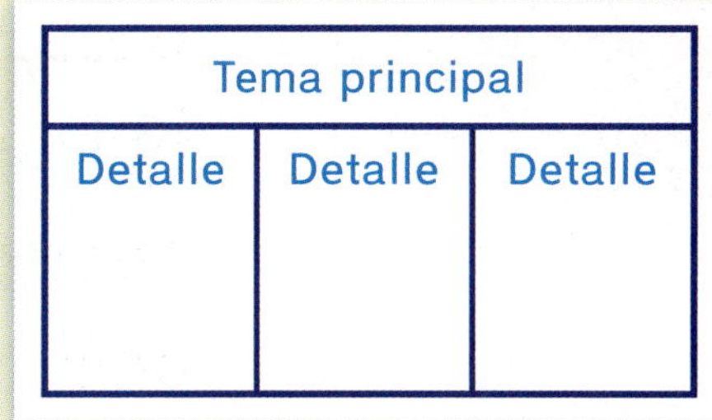

Tema principal		
Detalle	Detalle	Detalle

Escribir

¿Cómo te ayuda el modo en que la autora organizó la información a comprender cómo crecen los osos? Completa estas oraciones para ayudarte a contestar la pregunta:

La autora incluye elementos del texto...
En "Familias de osos", la autora explica...
El diagrama muestra...

Hacer conexiones

¿Cómo aprenden los osos bebés de sus madres? **PREGUNTA ESENCIAL**

¿Qué pueden aprender las personas sobre los bebés al estudiar cómo los osos crían a los oseznos? **EL TEXTO Y EL MUNDO**

Género • Texto expositivo

Compara los textos

Lee sobre cómo las orugas bebés se convierten en mariposas.

De oruga a mariposa

La mariposa no es un **mamífero**. No tiene crías vivas ni las alimenta con leche. La mariposa es un insecto. Pone huevos.

Mira la foto. ¿Sabes cuál es la madre y cuál es la **cría**? ¡Probablemente no! La madre es la mariposa y su cría es la oruga. La madre y la cría no se parecen ahora. Sin embargo, cuando la oruga crezca, sí se parecerán.

Lee Canfield/SuperStock

Ciclo de vida de la mariposa

1. Huevo
La mariposa adulta pone un huevo sobre una hoja.

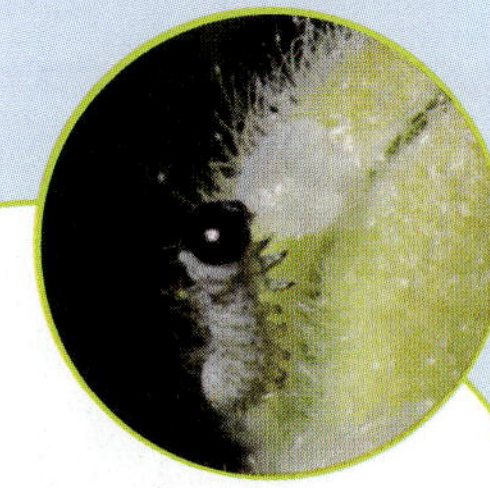

2. Larva
Después de 3 o 4 días, una oruga pequeña sale del huevo. Las orugas son una especie de larva. La oruga se come la cáscara del huevo.

3. Oruga
Durante, aproximadamente, dos semanas, la oruga come hojas y crece.

4. Crisálida
La oruga forma un capullo a su alrededor. El capullo se llama crisálida.

5. Adulta
Dos semanas después, la mariposa adulta sale de la crisálida. Pondrá un huevo en una hoja y el ciclo continuará.

Haz conexiones

¿En qué se parecen las orugas a sus padres? **PREGUNTA ESENCIAL**

¿En qué se diferencia una oruga de un osezno? **EL TEXTO Y OTROS TEXTOS**

(tl) Ingram Publishing/Alamy, (tc) Ed Reschke/Photolibrary/Getty Images, (tr bl) Don Johnston_IH/Alamy Stock Photo, (br) Eric Bean/Digital Vision/Getty Images

Género • Fábula

Ana Saavedra

Versión de la fábula La Cigarra y la Hormiga, de Esopo

Ilustraciones de Cecilia Almarza

PRIMERA EDICIÓN EDITORIAL CUARTO PROPIO, 2004, CHILE.

Pregunta esencial

¿Qué nos pueden enseñar las historias de animales?

Lee acerca de cómo trabajan y se divierten una cigarra y una hormiga.

¡Conéctate!

Apenas se fue el invierno, la hormiga Groa salió de su **hormiguero**. El sol alumbraba la tierra y todas las cosas lucían sus más hermosos colores.

¿Qué sentirán las cosas al calorcito del sol?

Groa, sin embargo, no miró las flores, ni los arroyuelos, ni los árboles. Comenzó de **inmediato** a **recolectar** comida para llevar a su hormiguero. Siempre lo había hecho así, igual que todas sus hermanas.

A la mitad del camino, mientras **trasladaba** una enorme miga de pan, escuchó música. Alguien cantaba muy cerca de allí. Groa sintió que la canción sonaba dentro de su corazón y sonrió. Se apartó del camino para mirar mejor. Entonces vio que debajo de una flor de grandes pétalos estaba Loki, la cigarra. Ella cantaba y bailaba, y el aire que la rodeaba parecía lleno de brillos.

AHORA COMPRUEBA

Hacer predicciones ¿Qué crees que hará Groa en este momento? ¿Cómo será su relación con la cigarra?

La hormiga Groa, cargada con la enorme miga de pan, se quedó mirando sorprendida. Sentía que su cuerpo quería reírse solo. Pero de pronto recordó que debía ocupar cada minuto de sol para trabajar, como todas las hormigas. Se puso un poco colorada y volvió a la **hilera**, para llevar la comida al hormiguero. Durante ese día y los siguientes, Groa trabajó sin parar recolectando alimentos. Sin embargo, cuando escuchaba la música de Loki, sonreía sin querer.

¿Por qué sonreía la hormiga Groa?

Poco a poco fue pasando el tiempo del calor y llegaron los días fríos. Una tarde, en el hormiguero se dio la orden de detener la recolección y cerrar las puertas. Tenían **suficiente** comida. En el hormiguero ordenaban los alimentos, los guardaban en cajitas, que luego guardaban en cajas un poco más grandes, y esas en otras diferentes. Siempre hacían lo mismo. Siempre igual. Una y otra vez. Y otra vez, de nuevo.

¿Qué piensas tú que les pasaba a las hormigas?

AHORA COMPRUEBA

Confirmar predicciones ¿Qué piensas de la predicción que hiciste sobre Groa y Loki? ¿Fue correcta? ¿Cómo la cambiarías?

Un día en que hacía mucho frío, Groa escuchó un ruido. Se asomó y vio a Loki sentada junto a un palo seco.

—¿Tienes algo para comer? —le preguntó Loki. Groa contestó:
—Claro que sí. Durante todo el tiempo de calor juntamos comida con mis hermanas. ¿Qué has hecho tú?

—Yo no tuve tiempo de reunir comida —dijo Loki—, porque durante el verano aproveché todos los días para inventar danzas y canciones, construí una flauta y un pandero y miré los rayos del sol.

Groa se quedó pensando, reunió a todas las hormigas y conversaron largo rato. Luego fueron a buscar a Loki.
Le dijeron:

—Tú sabes que nosotras trabajamos mucho en el verano para reunir comida y no pasar hambre en el invierno. Pero estamos aburridas. Tú, en cambio, sabes cantar y bailar, pero no tienes comida.

¿Cómo podrán resolver este problema las hormigas y la cigarra?

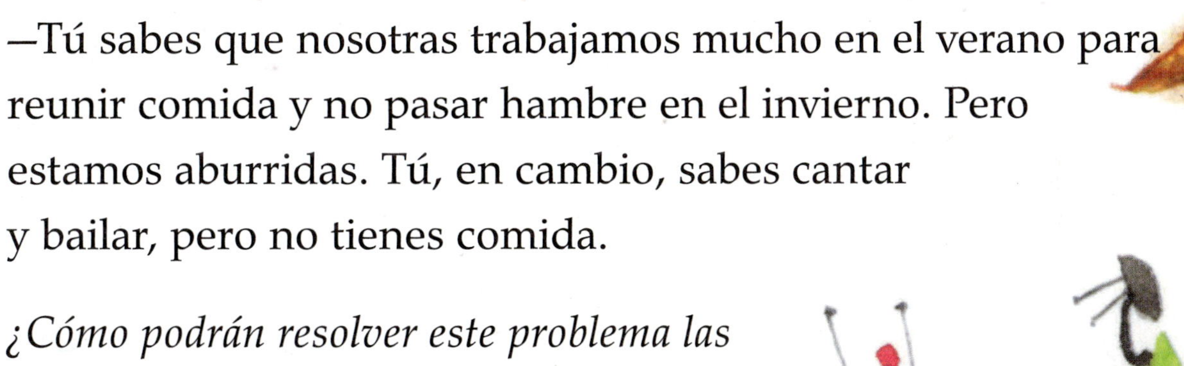

Entonces Loki dijo:

—Yo podría cantar y bailar para ustedes y, a las que quieran, puedo enseñarles canciones y danzas.

Y la hormiga Groa agregó:

—Tú compartirás con nosotros lo que sabes hacer y nosotros compartiremos contigo lo que tenemos. ¡Así podremos ser más felices!

Loki comió un grano de trigo. Luego cantó y bailó, y vio que algunas hormiguitas llevaban el ritmo con su cuerpo. Cuando terminó, las hormigas aplaudieron. También Loki aplaudió. Más tarde se fueron a dormir, y todas escucharon la canción del viento.

Moraleja: Si compartimos con los demás lo que sabemos o tenemos, podremos ser más felices.

A trabajar y cantar con Ana y Cecilia

Ana Saavedra

Nació en Chile. Además de escribir libros para niños, trabaja en editoriales. Vivió algunos años en Brasil y habla muy bien el portugués.

Cecilia Almarza

Nació en Chile. Es ilustradora, cantante, compositora, escritora y actriz. En su familia hay muchos músicos.

Propósito de la autora

¿Por qué crees que la autora hace preguntas a lo largo del cuento ?

Respuesta al texto

Resumir

Resume la fábula. Piensa en los detalles importantes. La información de tu tabla de problema y solución puede ayudarte.

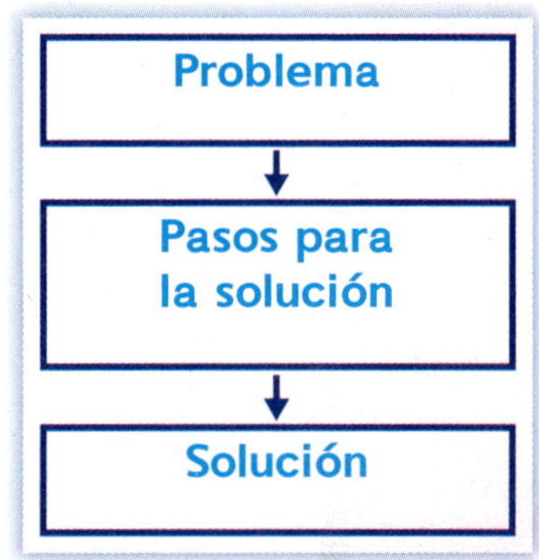

Escribir

¿Cuál es el problema de Loki cuando llega el invierno? ¿Cuál es el problema de las hormigas? ¿Cómo solucionan Loki y las hormigas sus problemas? Completa estas oraciones para ayudarte a contestar:

> Cuando llega el invierno, Loki...
> Las hormigas están...

Hacer conexiones

¿Qué nos enseñan los animales de esta fábula? **PREGUNTA ESENCIAL**

¿Por qué es importante compartir lo que tenemos o lo que sabemos? **EL TEXTO Y EL MUNDO**

Género • Texto expositivo

Compara los textos

Lee acerca de cuentos de diferentes culturas que se parecen al cuento de Cenicienta y sus amigos.

Cenicienta y sus amigos

Cenicienta es una muchacha solitaria, que solo tiene por amigos a unos ratones. Pero estos animalitos la ayudan a ir a un baile y todo cambia. El cuento tradicional de Cenicienta proviene de Europa, pero hay relatos similares en todo el mundo. Los animales cumplen un papel importante en las distintas **versiones**. Lee acerca de dos cuentos, uno de China y otro de Egipto, con animales que ayudan a sus amigos.

Alex Steele-Morgan

Un cuento de China

El único amigo de Yeh-Shen es un hermoso pez. Todos los días, el pez sale del agua para verla. Yeh-Shen lo alimenta. Cuando el pez muere, Yeh-Shen descubre que la espina del pez es mágica. Yeh-Shen pide un deseo. Quiere ir al festival de la primavera. La espina mágica hace que Yeh-Shen tenga un hermoso vestido y zapatos de oro. Durante el festival, Yeh-Shen pierde uno de sus zapatos. El rey lo encuentra y declara que quiere casarse con la dueña del zapato. Todas las muchachas del reino se prueban el zapato de oro, pero solo el pie de Yeh-Shen encaja perfectamente. El rey y Yeh-Shen se casan y viven felices para siempre.

Un cuento de Egipto

Rodopis es una criada joven y pobre. Sus únicos amigos son las aves, los hipopótamos y los monos que viven junto al río. A Rodopis le gusta cantar y bailar para ellos. Las aves comen de su mano. Un mono a veces se sienta sobre el hombro de Rodopis. Los animales la aman. Una tarde, un pájaro le arrebata una de sus sandalias. El ave vuela hasta el castillo del rey y deja caer la sandalia sobre el trono. El rey emprende una búsqueda para hallar a la dueña de la sandalia. El rey encuentra a Rodopis, los dos se enamoran y Rodopis se convierte en reina.

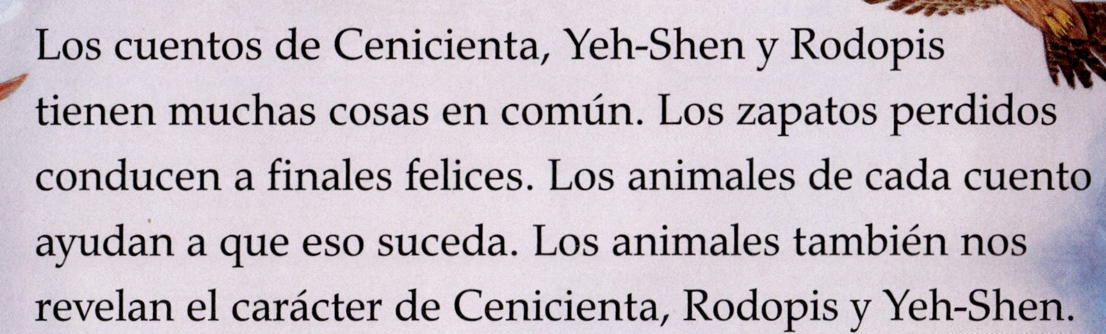

Los cuentos de Cenicienta, Yeh-Shen y Rodopis tienen muchas cosas en común. Los zapatos perdidos conducen a finales felices. Los animales de cada cuento ayudan a que eso suceda. Los animales también nos revelan el carácter de Cenicienta, Rodopis y Yeh-Shen. Y eso nos enseña una moraleja, es decir, una **lección**, sobre cómo se premia ser bondadoso.

Otros cuentos que descubrir

Ahora ya sabes que hay relatos de Egipto y de China que se parecen al cuento de Cenicienta. Y hay otros cuentos tradicionales como estos en todo el mundo. Tal vez creas que el cuento de Cenicienta es el original, es decir, el primero. Lo cierto es que se sabe que el cuento de Yeh-Shen es más antiguo. Se viene contando desde hace más de 1,000 años.

Haz conexiones

¿Qué pueden enseñarte los animales de los cuentos? **PREGUNTA ESENCIAL**

Piensa en los animales de los cuentos que has leído. ¿Cómo los usan los autores para transmitir una lección? **EL TEXTO Y OTROS TEXTOS**

Género • Poesía

Patitas mensajeras

Vuela que vuela
la mariposa,
en alas de seda
de rosa en rosa.

Sin **detenerse**
más de un segundo,
absorbe el néctar
y sigue su rumbo.

¿? Pregunta esencial

¿Qué nos gusta de los animales?

Lee estos poemas que **expresan** lo que nos gusta de los animales.

¡Conéctate!

Son sus patitas
las mensajeras
que con cuidado
el polen llevan.

Vuela que vuela
hasta otra flor.
¡Qué **maravilla**!
Su entrega de amor.

María de Lourdes Victoria

La ardilla

La ardilla corre,
la ardilla vuela,
la ardilla salta
como locuela.

—Mamá ¿la ardilla
no va a la escuela?

Ven ardillita:
tengo una jaula
que es muy bonita.

No, yo prefiero
mi tronco de árbol
y mi agujero.

Amado Nervo

Respuesta al texto

Resumir

Busca detalles importantes de "Patitas mensajeras" para describir el poema. Usa la tabla de detalles clave como ayuda para ordenar tus ideas.

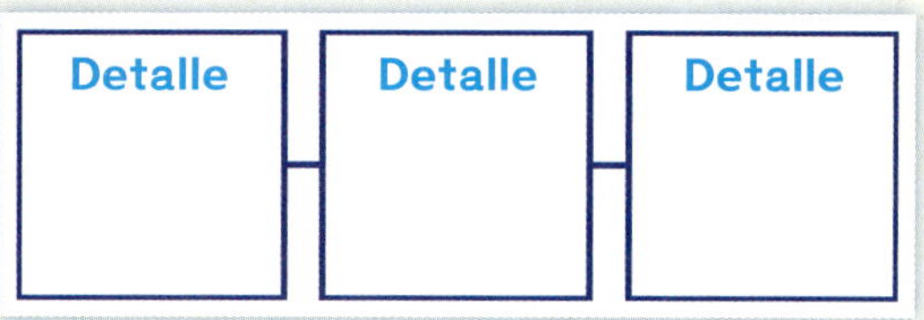

Escribir

¿Qué les gusta de estos animales a los poetas? ¿Cómo lo expresan en estos poemas? Completa estas oraciones para organizar tus ideas:

En el primer poema, la poeta...

En el segundo poema, el poeta...

Hacer conexiones

¿Qué te gusta de los animales?
PREGUNTA ESENCIAL

Cada uno de estos poemas describe cómo **se comporta** un animal. Describe cómo son y qué hacen otros animales que conozcas. **EL TEXTO Y EL MUNDO**

Género • Poesía

Compara los textos

Lee lo que escribe el poeta sobre estos animales.

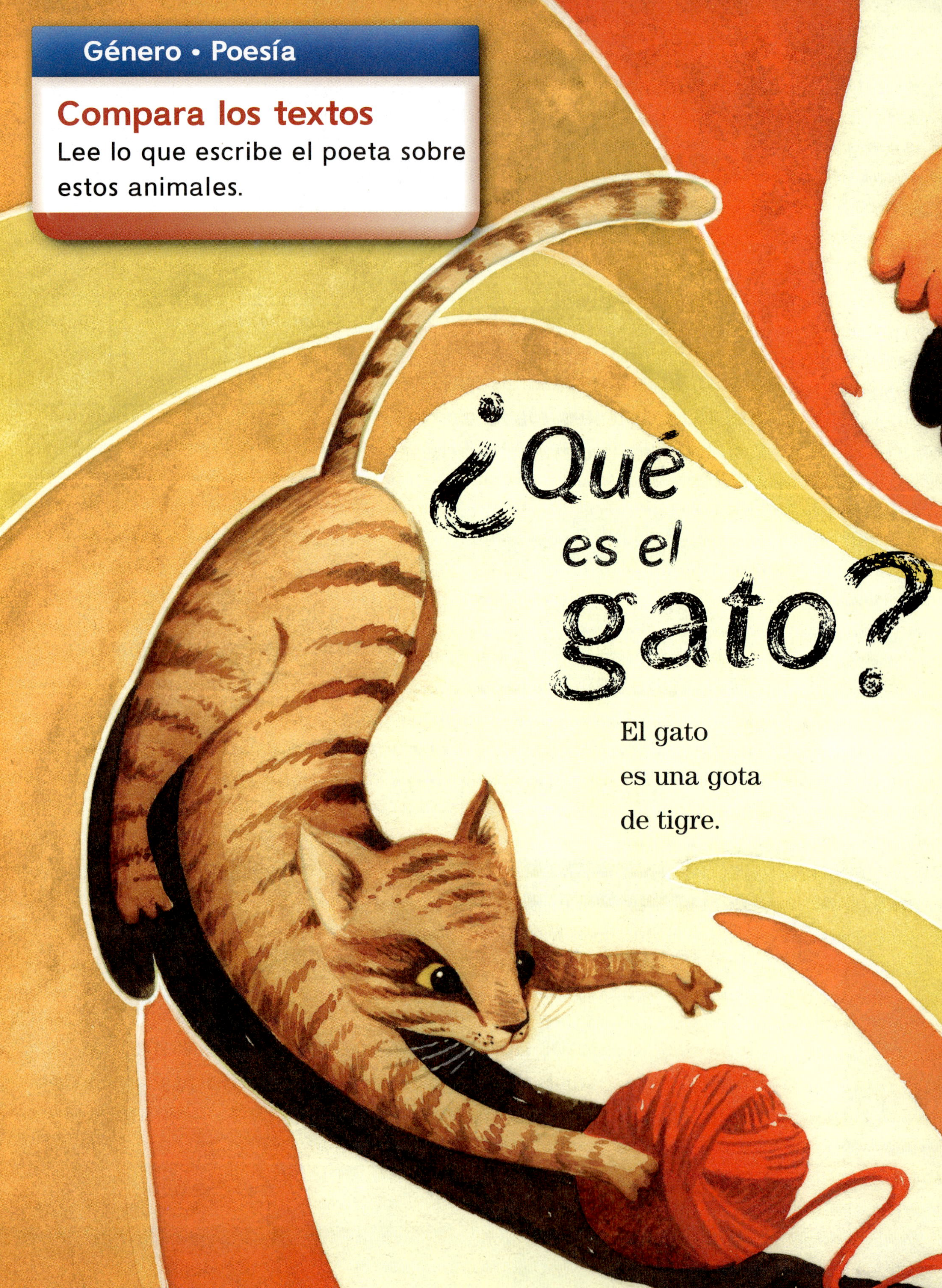

¿Qué es el gato?

El gato
es una gota
de tigre.

¿Qué es el tigre?

El tigre
es un aguacero
de gatos.

Jairo Aníbal Niño

Haz conexiones

¿Qué te gusta de los gatos y de los tigres? **PREGUNTA ESENCIAL**

¿Qué **expresan** los poemas que leíste esta semana? ¿Qué nos dicen sobre cómo **se comportan** los animales? **EL TEXTO Y OTROS TEXTOS**

Género • Ficción

Tita la golondrina

Cecilia Regalado Lobo
Ilustraciones de Leonid Nepomniatchi

¿? Pregunta esencial

¿Qué hacen los animales para sobrevivir?

Lee sobre el primer vuelo de una golondrina.

¡Conéctate!

Caía una lluvia muy fuerte; eso no era nada nuevo. Desde que Tita nació, casi todo el verano había llovido.

Pero hoy tenía que ser un día diferente. Hoy comenzaban sus clases de vuelo.

Las demás golondrinas asomaban sus cabecitas por los agujeros redondos de los nidos.

Todas estaban **agitadas**. Los papás y las mamás daban vueltas **alrededor** del vecindario. Había casi cien nidos de golondrinas pegados en las vigas de los techos de una vieja casa.

Esta casa miraba siempre hacia un **estanque**. Las golondrinas tenían en ese estanque todo el lodo que necesitaban para hacer sus nidos. Año tras año llegaban a esa casa, hacían sus nidos y ponían sus huevos.

Cuando las golondrinas nacían, la gente de los alrededores se daba cuenta porque se escuchaban sus piopíos de día y de noche.

Las golondrinas, cuando nacen, casi no tienen plumas. Cuando crecen un poco el cuerpo se cubre de plumas más fuertes y están listas para comenzar a salir de sus nidos.

AHORA COMPRUEBA

Hacer predicciones ¿Qué crees que hará Tita cuando salga de su nido?

Esa mañana, Tita no quería tomar su clase. Estaba preocupada: había observado cómo algunas golondrinas que estaban aprendiendo a volar habían caído al jardín y los perros de la casa las habían perseguido.

Su mamá la animó diciendo que ella la acompañaría durante todo el vuelo. Su papá le dijo algo que le **infundió** valor: los perros siempre estaban guardados al mediodía. A esa hora intentarían el primer vuelo y, mientras su mamá la acompañaba, el padre estaría observando cada movimiento de los perros.

La lluvia fue **amainando** poco a poco durante la mañana. Al mediodía lucía el sol brillante y Tita batía sus alas rápidamente de abajo hacia arriba. El padre pensó que se estaba sacudiendo el miedo, y le sonrió. La mamá preguntó si estaba lista. El papá inclinó su cabeza y los tres se lanzaron a volar bajo la luz brillante del sol.

Tita sólo pudo sostenerse unos segundos en el aire. Pero, por más que agitaba sus alas, no subía, sino que bajaba hacia el jardín. La mamá la acompañaba volando alrededor de ella. El papá vigilaba a los perros. Se preocupó mucho cuando el jardinero de la casa les abrió la puerta para poder recortar el pasto de ese lado.

Tita estaba sobre el suelo y el papá lanzó un silbido de alerta que la mamá entendió.

Tita seguía aleteando cuando escuchó a los perros ladrar muy cerca de ella.

El papá distrajo a los perros, volando a su alrededor, muy cerca de sus bocas. Y ellos comenzaron a perseguirlo. La mamá de Tita le aconsejó que brincara hacia las zarzas porque esas plantas tenían espinas y los perros no se acercaban a ellas. Pero Tita estaba tan preocupada de que los perros se comieran a su papá, que no podía moverse. La mamá voló alrededor de las cabezas de los perros para distraerlos y que no vieran a Tita. Los perros saltaban: uno hacia el papá, otro hacia la mamá.

AHORA COMPRUEBA

Hacer y responder preguntas ¿Qué harías tú si estuvieras en el lugar de Tita?

Tita comprendió que si quería salvar a sus padres debía esconderse, y se fue brincando hacia las hojas de la zarza.

Los padres de Tita descansaron unos momentos en las ramas del árbol del jardín.

La mamá bajó a decirle a Tita que se estuviera quieta hasta que los perros durmieran la siesta. Mientras tanto, ellos estarían cuidándola. Los perros cansados de corretear, finalmente se durmieron.

La mamá voló hacia Tita para continuar con las clases de vuelo. Tita se esforzaba todo lo que podía. Pero al cabo de un tiempo... los perros se despertaron y Tita escuchó sus ladridos. Volvió a ver a su papá y a su mamá aleteando y piando, para entretener a los perros.

Ella agitaba sus alas como su mamá le había dicho. Practicaba entre los **matorrales** del jardín.

Al ver una golondrina muerta detrás de las hortensias, decidió regresar hacia las ramas de la zarza, moviendo muy rápido sus alitas.

Y de pronto, se dio cuenta de que sus patitas comenzaban a despegarse del suelo. ¡Comenzó a volar! Los perros la vieron y se lanzaron contra ella.

La mamá picoteaba a un perro y el papá picoteaba a otro. Pero los perros seguían corriendo hacia Tita. La mamá le gritó que estirara el cuello. Entonces Tita comenzó a subir hasta alcanzar la rama más baja del árbol del jardín.

Los perros no lograron alcanzar esa rama. Los padres de Tita volaron hacia ella.

Los picos de Tita y sus padres se rozaron como cuando nosotros nos damos besos. Sus alas se extendieron como cuando nosotros nos damos abrazos.

Tita entonces supo que con su esfuerzo podría alcanzar el cielo.

Lecciones para aprender

Cecilia Regalado Lobo

nació en Torreón, Coahuila, al norte de México. Desde niña le gusta la lectura, el canto y la música. Le gusta mucho tocar el chelo y la guitarra. Pero sobre todo, le gusta inventar historias y contar cuentos a los niños.

Leonid Nepomniatchi

nació en Moscú. Vive en México. Los colores de sus ilustraciones reflejan su estilo personal, que lo ha llevado a exponer su obra a países como Vietnam, Francia y Japón.

Propósito de la autora

En este cuento, Tita aprende algo importante el día de su primera lección de vuelo. ¿Cuál es el propósito de la autora al contarnos lo que Tita aprende?

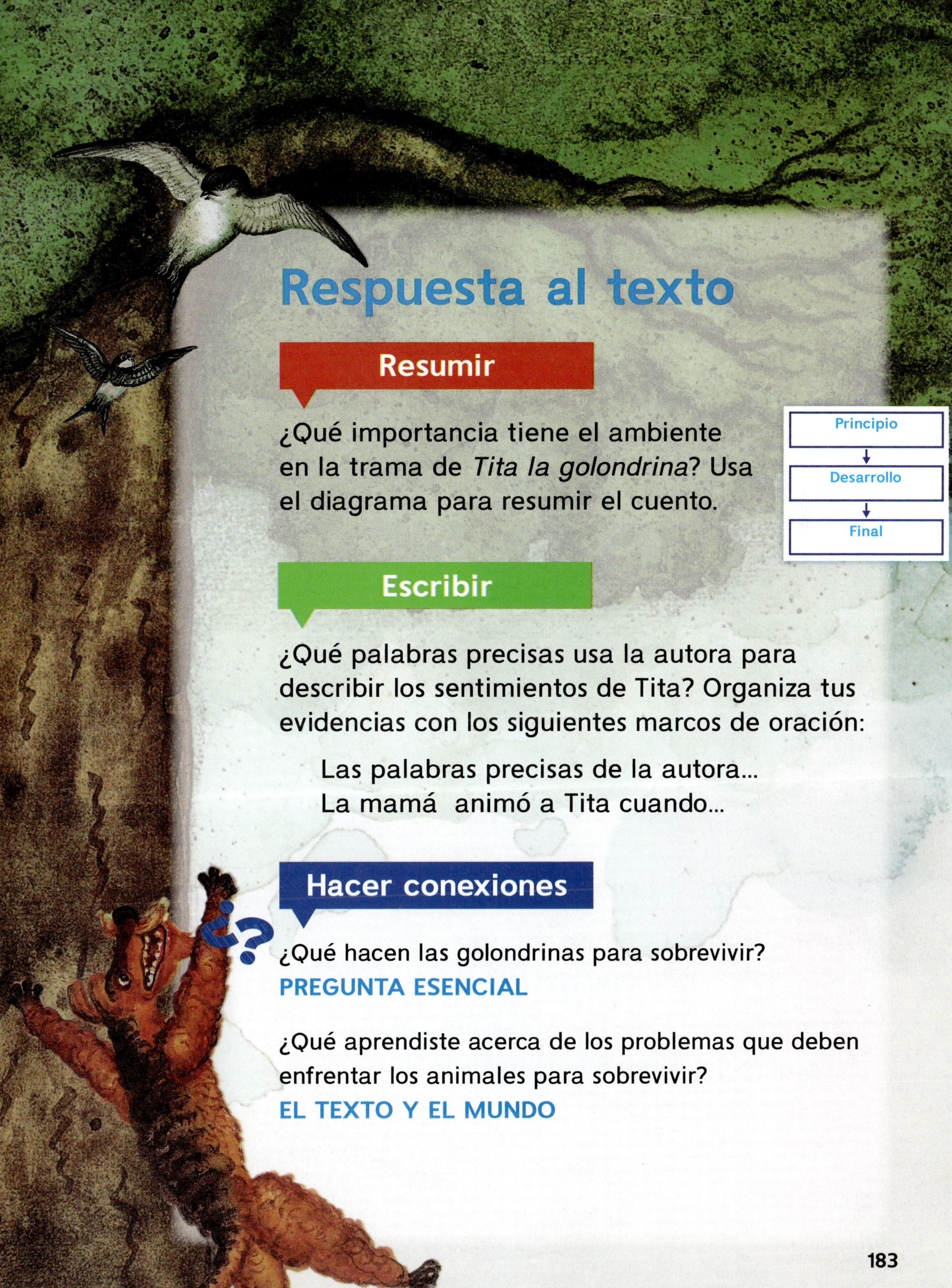

Respuesta al texto

Resumir

¿Qué importancia tiene el ambiente en la trama de *Tita la golondrina*? Usa el diagrama para resumir el cuento.

Escribir

¿Qué palabras precisas usa la autora para describir los sentimientos de Tita? Organiza tus evidencias con los siguientes marcos de oración:

Las palabras precisas de la autora...
La mamá animó a Tita cuando...

Hacer conexiones

¿Qué hacen las golondrinas para sobrevivir?
PREGUNTA ESENCIAL

¿Qué aprendiste acerca de los problemas que deben enfrentar los animales para sobrevivir?
EL TEXTO Y EL MUNDO

Género • Texto expositivo

Compara los textos

Lee sobre un animal que vive en un clima extremadamente frío y sobre uno que vive en un clima extremadamente caluroso.

Amigos del frío y el calor

Existe un lugar muy frío en Asia. Se llama Siberia. El **clima** allí es severo. En invierno, la temperatura es menor a cero grados. El viento es fuerte. Pocos animales pueden vivir allí con estas condiciones climáticas.

Pal Hermansen/The Image Bank/Getty Images

El husky siberiano

El husky siberiano es un tipo de perro. Algunas partes de su cuerpo lo ayudan a **adaptarse** a lugares muy fríos. Cuando la nieve vuela por el viento, entrecierra los ojos y puede ver.

El husky siberiano tiene características especiales que lo ayudan a vivir en lugares fríos.

El pelaje del husky tiene dos partes. La de abajo está formada por pelo muy corto. La de arriba, por pelo largo evitando que el agua toque su cuerpo. Funciona como un impermeable abrigado.

La cola del perro es tupida. Un husky puede enroscarla para abrigar su hocico cuando se va a dormir.

Si miras la parte de abajo de la pata de un husky, verás unas almohadillas negras gruesas y pelos. Esto ayuda al perro a no tener frío.

Partes del husky

(t) Jason Edwards/National Geographic/Getty Images (b) Per Breiehagen/The Image Bank/Getty Images

Vivir con calor

El desierto del Sahara está en África. Los veranos allí son muy calurosos y el clima es muy seco. Pocos animales pueden vivir allí.

El zorro fénec

Algunas partes del cuerpo del zorro fénec lo ayudan a vivir en el clima caluroso y seco del desierto. El zorro tiene orejas grandes que lo ayudan a eliminar el exceso de calor del cuerpo y pelos que atrapan la arena para que no entre en sus oídos.

El pelaje del zorro es grueso y tiene el color de la arena. El zorro fénec también tiene la cola peluda. Enrosca la cola alrededor de su cuerpo para protegerse del calor.

El zorro fénec es un animal nocturno. Duerme durante el día. Come a la noche.

Las patas del zorro tienen pelo en la parte de abajo. El pelo le protege los pies de la arena caliente. El zorro también usa las patas como una herramienta. Hace agujeros en el suelo y se queda allí adentro durante todo el día. A la noche, cuando refresca, sale nuevamente. Todas estas características ayudan al zorro fénec a vivir en el desierto.

Partes del zorro

Las orejas lo ayudan a perder el calor del cuerpo.

El pelaje es grueso.

Las patas tienen pelo que lo ayudan a no quemarse.

La cola es peluda.

Haz conexiones

¿Cómo sobreviven estos animales en lugares tan fríos y tan calurosos? **PREGUNTA ESENCIAL**

Piensa en los animales sobre los que leíste esta semana. ¿Cómo les ayuda el cuerpo a sobrevivir? **EL TEXTO Y OTROS TEXTOS**

Género • Narrativa de no ficción

Tortuga, ¡ten cuidado!

April Pulley Sayre

Ilustraciones de Annie Patterson

Pregunta esencial

¿Cuáles son las características de los hábitats de distintos animales?

Lee sobre las tortugas marinas que viven en el océano.

¡Conéctate!

Una noche, tarde, en una playa de Florida, comienza la historia de una tortuga bebé. Podría ser una historia breve (o podría no haber ninguna historia que contar), si no fuera por la ayuda de manos solidarias.

La tortuga es solo un huevo ahora. Su madre la cubre de arena con las aletas.

Hay mapaches hambrientos observando. Y cuando mamá tortuga sale hacia el mar...

Unas patas peludas corretean, unos hocicos olfatean y unas garras cavan.

Tortuga, ¡ten cuidado!

Pero unas manos jóvenes, que sostienen una linterna, espantan a los bandidos.

Más tarde, colocan una malla de alambre alrededor del nido de la tortuga para proteger los huevos **enterrados**.

Llega la mañana. Y también un carro, que se acerca a los huevos a toda velocidad.

Tortuga, ¡ten cuidado!

El carro se detiene. Unas manos han puesto un cartel que dice: “PROHIBIDO CONDUCIR EN LA PLAYA”. El carro se aleja. El nido está a salvo. La tortuga, dentro de su huevo, no ve nada de esto.

Dos meses después, Tortuga comienza a romper su cascarón, que parece de cuero. Lo abre con un diente especial. Intenta salir. Luego descansa, con la mitad del cuerpo todavía dentro del cascarón. El saco de la yema, adherido a la parte inferior del cascarón, se va encogiendo a medida que su cuerpo absorbe la energía.

Al día siguiente, las crías cavan hacia la superficie. Suben un poco, descansan. Suben otro poco, descansan. Tardan tres días completos en terminar de subir.

Finalmente, una noche de agosto, a la luz de la luna, Tortuga **se asoma** por la arena. Las otras crías la empujan desde abajo y ve que todas van saliendo.

Empujando la arena, Tortuga avanza lentamente por la playa. ¡Hacia la luz! Eso es todo lo que sabe Tortuga. Por la noche, la luz más brillante debería ser el horizonte sobre el mar.

Pero esta noche no es así. Tortuga avanza hacia la luz equivocada, que ilumina desde la calle.

Tortuga, ¡ten cuidado!

AHORA COMPRUEBA

Hacer predicciones ¿Hacia dónde crees que irá Tortuga? Haz una predicción sobre lo que ocurrirá.

Unas manos pequeñas apagan la luz. Tortuga da la vuelta y avanza hacia el otro lado. Sale con prisa hacia las olas del océano.

Paso a paso, recorre la playa. Algunos animales se reúnen: garzas **nocturnas**, gatos y mapaches. Tienen hambre y vinieron para comerse a las crías.

Tortuga, ¡ten cuidado!

Tortuga sale a toda prisa hacia el agua. *¡Plaf!* El agua la levanta y la arrastra mar adentro, luego la empuja de nuevo hacia la playa. *¡Plaf!* Las olas voltean su cuerpecito, luego la llevan otra vez al mar. Mueve las aletas. ¡Puede nadar! Pasa nadando entre peces hambrientos. La corriente la lleva lejos de la costa.

Durante meses, anda a la deriva entre las algas. Se alimenta de plantas y animales pequeños. Crece. La corriente la lleva miles de millas más allá. Hace círculos en una gran extensión del océano, hasta que un día deja el *sargazo*, un conjunto de algas flotantes. Comienza a nadar. Deja atrás islas, peces espada, ballenas jorobadas.

Llega a un arrecife de coral, donde descubre una sabrosa medusa...

Tortuga, ¡ten cuidado!

¡Plaf! Unas manos rápidas se meten en el agua y toman la bolsa de plástico. Parece una medusa, pero no lo es. La bolsa podría hacer atragantar a una tortuga o podría atascarse en su estómago.

Tortuga sigue nadando. Busca otros alimentos. A medida que crece, sus mandíbulas pueden romper caracoles, cangrejos y almejas. Así es su vida de tortuga durante veinte años... Hasta que un día se encuentra nadando **impacientemente**.

Es hora de viajar, lejos y rápido. Mueve las aletas como si fueran alas submarinas. Nada y nada. Deja atrás barcos que navegan y barcos que se hunden.

Tres tiburones la observan.

Tortuga, ¡ten cuidado!

AHORA COMPRUEBA

Hacer predicciones ¿Qué crees que ocurrirá con los tiburones? Haz una predicción acerca de lo que ocurrirá.

Los tiburones la persiguen. No hay manos que puedan ayudarla ahora. Nada cada vez más rápido y... ¡al fin logra **escapar**! Pero no ve que las redes de un camaronero se le vienen encima.

Tortuga, ¡ten cuidado!

En un instante, queda atrapada en una red. Necesita salir a la superficie para respirar. El barco tira de la red, la arrastra hacia el fondo. Casi sin aire, logra salir por una trampilla. ¡Está libre!

Meses atrás, alguien cosió esa trampilla en la red para que las tortugas pudieran escapar.

Agitada pero a salvo, Tortuga sigue nadando. Se encuentra con una tortuga macho y se aparean. Más tarde, bajo una luna veraniega, Tortuga nada hacia las olas rompientes.

¡Pum! Su cuerpo pesado choca contra la orilla. Es la misma playa donde nació. Pero las cosas son distintas: ahora ella es una mamá tortuga a punto de poner sus huevos.

Un día, las crías romperán el cascarón de esos huevos. Las tortuguitas comenzarán sus **viajes**, abriéndose paso con dificultad por la arena. Algunas lograrán vivir con un poco de suerte, aletas veloces y la ayuda de muchas manos.

Conozcamos a la autora y la ilustradora

April Pulley Sayre siempre ha amado la ciencia y la escritura. Cuando era niña, le gustaba observar aves, flores e insectos. Ahora escribe libros sobre caracoles, cangrejos, abejorros, ballenas, aves y muchas otras criaturas. ¡Hasta ha escrito sobre el polvo!

Annie Patterson ilustra libros para niños. Le encanta mirar el océano y los animales desde el lugar donde vive. Osos polares y búhos de nieve son algunos de los animales que Annie encuentra cerca de su casa.

Propósito de la autora

Cuando los autores repiten palabras en su narración, llamamos a esto repetición. Los autores usan la repetición con un propósito. ¿Por qué April repite la oración "Tortuga, ¡ten cuidado!"?

(t) Jeff Sayre (b) Victor Penuelas

Respuesta al texto

Resumir

Usa detalles clave del principio, el desarrollo y el final para resumir la selección. La tabla puede serte útil.

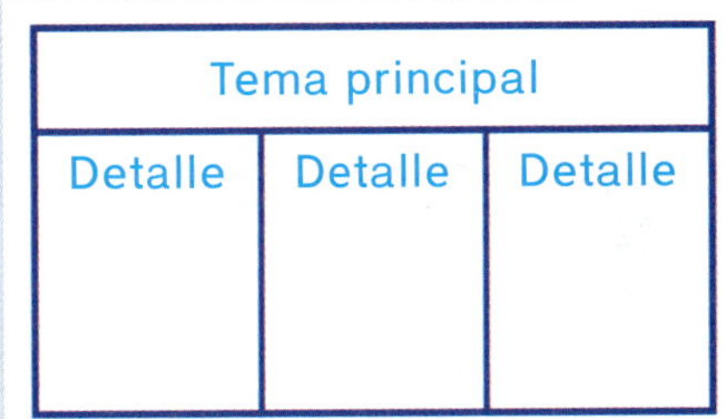

Tema principal		
Detalle	Detalle	Detalle

Escribir

Al comienzo de la selección en la página 164, la autora menciona la palabra "manos". ¿Qué nos ayuda esto a comprender? Usa estos marcos de oración:

La palabra "manos" hace referencia a...
Las manos afectan a la tortuga al...

Hacer conexiones

¿Qué características tiene el hábitat donde viven las tortugas? **PREGUNTA ESENCIAL**

¿Qué aprendiste acerca de cómo podemos ayudar a las tortugas a sobrevivir? **EL TEXTO Y EL MUNDO**

Género • Texto expositivo

Compara los textos

Lee sobre los animales y las plantas en un hábitat de río.

La casa en el río

El río Cuyahoga es un **hábitat** de agua dulce. El agua del océano tiene sal, pero no la de río. El Cuyahoga ofrece refugio y alimento a muchos animales.

Comida del río

Una familia de patos arcoíris anda flotando por el río. La madre lleva a los patitos a la orilla. Se alimentan de las plantas que crecen en el agua, que se llaman lentejas de agua.

Pato arcoíris

HÁBITAT DEL RÍO CUYAHOGA	
ANIMAL	ALIMENTO
Pato arcoíris	lentejas de agua, semillas, frutas
Tortuga moteada	caracoles, gusanos, arañas
Mapache	peces, ranas, huevos, ratones, insectos

(bkgd) Jason Langley/age fotostock (inset) Paul E Tessier/Getty Images

El viaje de una tortuga moteada

Tortuga moteada

Varias tortugas moteadas toman sol sobre un tronco que flota. Tienen manchas en el caparazón. Una sale del río para poner huevos. Come caracoles y gusanos en la orilla.

Cuando encuentra dónde poner los huevos, cava un hoyo con las patas traseras. Cubre los huevos con tierra. Después de dos meses, nacen las tortugas bebé. Comienzan su viaje hacia la orilla. Un mapache duerme en un hoyo en el árbol. Los mapaches comen tortugas.

Mapache

Todos los seres vivos de la **naturaleza** se necesitan y se ayudan. Los seres vivos se renuevan una y otra vez. Siempre comienza un nuevo ciclo. La vida en el río continúa.

Haz conexiones

¿Cuáles son las características del hábitat de este río? **PREGUNTA ESENCIAL**

Piensa en los hábitats sobre los que leíste esta semana. ¿Qué ofrecen a los animales? **EL TEXTO Y OTROS TEXTOS**

Género • Narrativa de no ficción

BIBLIOBURRO

Una historia real de Colombia

Jeanette Winter

Pregunta esencial

¿Cómo la gente ayuda a su comunidad?

Lee sobre un hombre que viajó a aldeas lejanas para llevar libros a la gente que no los tenía.

¡Conéctate!

En un pueblito de Colombia vive un hombre que ama los libros.

Se llama Luis.

En cuanto ha leído un libro, lleva otro a casa. Pronto su casa se llena de libros.

Diana, su mujer, se queja.

Luis se pone a pensar.

Finalmente se le ocurre una **idea**.

"Podría llevar mis libros hasta las zonas más **apartadas** y compartirlos con los que no tienen.

Un burro podría cargar los libros, y otro burro me llevaría a mí... ¡y más libros!"

Luis compra dos burritos fuertes.

Los llama Alfa y Beto.

Construye unas cajas y pinta unos letreros: “BIBLIOBURRO Biblioteca ambulante”.

Después, Diana llena las cajas con libros.

Cada semana, Luis, Alfa y Beto **emprenden** el viaje por el campo hacia las **aldeas** más remotas, en los cerros solitarios.

Esta semana se dirigen a El Tormento.

AHORA COMPRUEBA

Hacer y responder preguntas
¿Por qué Luis, Alfa y Beto van a El Tormento? Vuelve a leer para encontrar la respuesta.

Cuando quema el sol del mediodía, Luis y los burros se detienen en un arroyo para beber de su agua fresca.

Después de beber mucha agua, Beto se niega a seguir.

Luis tira que tira de las riendas de Beto, pero Beto no se mueve.

Por fin, el burro cede y cruza el arroyo.

BIBLIO BURRO
BIBLIO BURRO

El Biblioburro prosigue su camino
a través de los cerros, hasta que
por fin **divisa** unas casas allí abajo.

Los niños de El Tormento corren a recibirlo.

Luis **insiste** en leerles un cuento antes de que escojan los libros que van a llevarse **prestados**.

—Hoy tengo una sorpresa para ustedes —dice.

Rebusca detrás de los libros
y saca varias máscaras… ¡de cerditos!

—Pónganse las máscaras. Hoy les voy a leer un cuento de cerditos.

Había una vez...

Cuando termina el cuento, cada uno puede elegir un libro.

Los niños sujetan bien sus libros, se despiden y regresan a sus casas.

Luis, Alfa y Beto vuelven a casa, cruzando montañas,

praderas y arroyos, hacia donde se pone el sol.

AHORA COMPRUEBA

Volver a leer ¿Hacia dónde van ahora Luis, Alfa y Beto? Vuelve a leer para encontrar la respuesta.

En casa, Luis da de comer a sus hambrientos burros.

Diana sirve la cena a su marido.

**Después, en lugar de irse a dormir,
Luis toma *su* libro y se pone a leer
bajo la noche estrellada.**

Y lejos de allí, en los montes, también arden las velas y las linternas de los niños que leen sus libros bajo el mismo cielo estrellado.

Conozcamos a Jeanette

A **Jeanette Winter** cuando era niña, le encantaba escribir historias y dibujar. Ella quería ser artista. Estudió pintura, dibujo y escultura. Aprendió por sí misma a ilustrar libros y ha recibido muchos premios.

A Jeanette le gusta escribir sobre personas de la vida real. A menudo encuentra ideas para sus historias mientras lee el periódico. *Biblioburro* cuenta la historia de Luis Soriano, un maestro de escuela de Colombia. Cuando Luis comenzó a prestar libros en las aldeas, tenía solo 70 libros. ¡Ahora tiene más de 4800!

Propósito de la autora

¿Por qué crees que Jeanette escribió esta historia sobre Luis? ¿Cuál fue su propósito?

Respuesta al texto

Resumir

Resume el texto. Piensa en los detalles importantes. La información de tu tabla de propósito de la autora puede ayudarte.

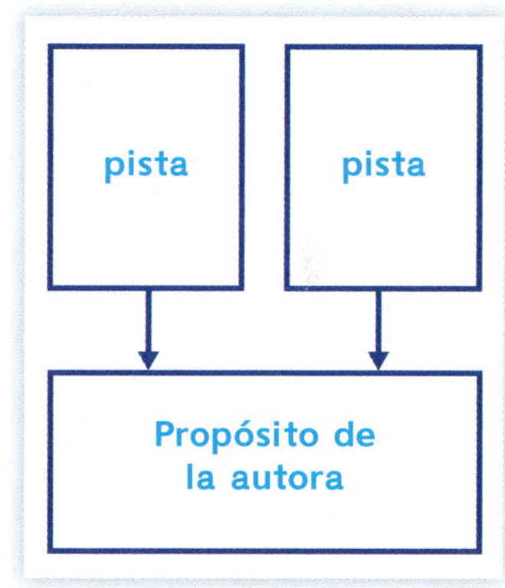

Escribir

¿Cómo muestra la autora en el texto y en las ilustraciones lo difícil que es el viaje de Luis?

La autora describe cómo...

Una ilustración muestra...

Luis y los burros regresan...

Hacer conexiones

¿Cómo ayuda Luis a su comunidad?
PREGUNTA ESENCIAL

¿Qué aprendiste acerca de la lectura o de las bibliotecas con *Biblioburro*?
EL TEXTO Y EL MUNDO

Género • Narrativa personal

Compara los textos

Lee cómo una niña ayuda a su papá, el entrenador de gimnasia.

Caer bien parado

Mi papá ya está en su trabajo desde antes de que yo me despierte para ir a la escuela. Trabaja en la ciudad como obrero de la construcción. Estos trabajadores construyen grandes edificios y reparan puentes gigantescos, usando pesadas vigas de acero. Cuando llega de trabajar, a mi papá le gusta cocinar o reparar cosas de la casa. A veces también repara cosas de los **vecinos**. Además, mi papá da clases de su deporte favorito: es entrenador de gimnasia en un centro comunitario. Nos da clases a mí y a otras niñas en el mismo gimnasio donde él practicaba de niño.

Aprender a hacer gimnasia es divertido, pero también difícil. Mi papá nos alienta a practicar para ser cada día mejores. A las niñas más grandes les enseña a hacer ejercicios asombrosos, como pararse de manos o dar saltos hacia atrás. Todas nos sentimos orgullosas cuando después de mucho esfuerzo aprendemos un ejercicio nuevo y genial.

Un viernes, después de la escuela, yo estaba sin nada que hacer. Entonces me puse a armar una casita de bloques para mi gato de juguete. Cuando mi papá llegó a casa de su trabajo, mi mamá y yo nos dimos cuenta de que algo no iba bien. En lugar de ponerse a cocinar o reparar algo, papá fue a recostarse en el sofá.

—Lucy, por favor, ¿podrías traerme una compresa de hielo del congelador? —me pidió.

Yo me estaba divirtiendo con mis juguetes, pero me puse de pie de inmediato. Solo tuve la compresa de hielo en mis manos durante unos segundos, pero me dejó las manos heladas. Papá se la puso sobre el tobillo, que se veía grande, hinchado y de color azulado. Mamá y yo queríamos saber qué había sucedido.

—En la práctica de anoche, mientras calentábamos, di un salto y aterricé sobre mi tobillo —dijo. Papá les da clases a las niñas mayores cuando yo vuelvo a casa.

Pude hacerme una **idea** de cómo se lastimó papá. Probablemente se torció el pie al caer. En el gimnasio, seguramente todos dijeron "¡Oooooh!". Papá nos contó que había una enfermera en el gimnasio. Ella le explicó cómo cuidarse el tobillo.

La compresa de hielo parecía aliviar a papá. Busqué algunas almohadas para que pudiera mantener la pierna en alto.

—Espero que el tobillo mejore pronto. El lunes tengo que entrenar a las niñas —dijo papá.

Ahora sí estaba realmente preocupada. Papá nunca faltaba a un entrenamiento en el gimnasio. "Tengo hasta el lunes para ayudarlo a mejorar", pensé.

(l) Tatiana Popova/Shutterstock.com (r) Olha Ukhal/Shutterstock.com

Durante el fin de semana, mamá y yo nos quedamos en casa con papá. Yo le llevaba compresas de hielo y le preparé el almuerzo y algunos refrigerios. Miramos películas juntos y busqué libros para que papá leyera. Hasta nuestro gatito, Michifuz, colaboró. Se acomodó sobre el regazo de papá para hacerle compañía.

El lunes, a papá todavía le dolía un poco el tobillo. Le costaba caminar. ¡Pero nos entrenó! Después de la práctica, le llevé hielo para el tobillo. Me alegra haber ayudado a papá a mejorar para que pudiera darnos clase. Creo que las niñas son muy afortunadas de tenerlo como entrenador. Y yo sé que soy muy afortunada de que sea mi entrenador... ¡y mi papá!

¿? Hacer conexiones

¿Cómo colaboran con la comunidad la niña y su padre? **PREGUNTA ESENCIAL**

Piensa en los otros textos que has leído. ¿De qué otras maneras pueden las personas colaborar con la comunidad? **EL TEXTO Y OTROS TEXTOS**

Género • Ficción realista

¡Me picó la Luna!

Elena Dreser

Ilustraciones de Mónica Yaniz García

Pregunta esencial

¿Qué vemos en el cielo?

Lee acerca de lo que un niño curioso piensa sobre la Luna.

¡Conéctate!

Macario tiene tres años y **ganas** de saber mucho. Hasta hace poco tiempo, él creía que todo **funcionaba** con **pilas** y apagadores.

Por las mañanas, al despertar, siempre le decía a su mamá: —¡Se prendió el Sol!

Y al anochecer, antes de dormir, siempre le decía a su papá: —¡Se apagó el Sol!

Su primita es un poco más grande. Se llama Micaela, y aprende muchas cosas en la escuela primaria.

Micaela le enseña a Macario cómo funciona todo: los juguetes, las linternas, los aparatos y hasta los seres de verdad.

Pero Macario es chiquito y le cuesta trabajo entender. Como aquella vez, cuando les regalaron los silbatos.

El silbato de Micaela era color amarillo con rayas naranjas, parecía un caracol. El silbato de Macario era color azul con rayas verdes, parecía un pez.

Micaela sopló con fuerza en su silbato. Entonces se escuchó un precioso sonido como el piar de pequeños pájaros.

Pero Macario no sabía cómo soplar. De su silbato no salió ningún sonido, ni de pajaritos ni de pajarotes.

Así que Macario se enojó. Puso el silbato sobre una mesa, y dijo: —¡El mío no tiene pilas!

Micaela trató de enseñarle que los silbatos no usan pilas, que nada más suenan si alguien los sopla con mucha fuerza.

AHORA COMPRUEBA

Volver a leer ¿Por qué Macario dice que su silbato no tiene pilas? Vuelve a leer para comprobar lo que entendiste.

Pero es difícil para el pequeño Macario entender que algo puede funcionar sin pilas o sin botones de **encender** y apagar.

Una tarde el vecino de enfrente trajo un pequeño conejo blanco para enseñarlo a los niños. El conejo estaba asustado. Se movía mucho, como queriendo escapar.

Pero cuando Macario y Micaela acariciaron su pelusa suave, el conejito se quedó muy quieto.

Entonces Macario miró al vecino y le dijo: —¡Se le terminó la pila!

El vecino soltó la risa; pero Micaela no. Con mucha paciencia, ella le enseñó a Macario que ese conejo tibiecito era de verdad, que estaba vivo.

Y que todos los seres vivos se mueven sin pilas, sin cables y sin apagadores.

Micaela también dijo, a su manera, que los seres de verdad gritan, muerden, patean, rasguñan y algunos hasta pican.

Macario la escuchó con atención; pero sólo abrió los ojos muy grandes y dijo: —¿Sííí?

Macario se quedó **pensativo** por varios días.

Comenzó a mirar con mucho cuidado todo lo que veía moverse: el ventilador, las hormigas, los aviones y los pájaros.

Macario ya no hablaba tanto de pilas ni de apagadores. Parecía que, al fin, comenzaba a entender cuáles son seres vivos y cuáles no. Su prima Micaela le dijo muchas veces: “Hay cosas de verdad y hay cosas de mentiritas”.

Pero una noche, hacía tanto calor dentro de la casa, que la familia entera decidió salir al jardín para tomar aire fresco.

AHORA COMPRUEBA

Volver a leer ¿Por qué Macario ya no habla de pilas ni de apagadores? Vuelve a leer para comprobar lo que entendiste.

La noche estaba muy tranquila; y la familia también. Se escuchaba el canto de las ranas y de los grillos.

Los grandes hablaban. Micaela, sentada en su pequeña silla, jugaba con una muñeca.

Macario, sentado en la **hamaca**, descubría el movimiento de la Luna.

Y los mosquitos, siempre tan molestos, molestaban a todo el mundo.

Después de largo rato de estar sentado mirando el cielo, Macario preguntó: —Papá. ¿La Luna funciona con pilas muy grandotas?, ¿grandotototas como la pila de tu coche?

El papá contestó: —¡Noooo! ¡¿Cómo va a usar pilas?! ¡La Luna es de verdad! Se mueve sola.

Macario se quedó en silencio, sentado con la boca abierta, mirando la Luna gorda.

Recordaba todo lo que le dijo Micaela de los seres de verdad: “a veces gritan, muerden, patean, rasguñan…”.

De pronto, Macario sintió un piquete en la punta de la nariz. Brincó del susto, ¡y se cayó de la hamaca!

Y allí, tirado en el pasto, Macario grito:

—¡PAPÁ! ¡ME PICÓ LA LUNA!

A ver la Luna con Elena y Mónica

Elena Dreser nació en Argentina y vive en Cuernavaca, México. Sus libros recibieron muchos premios. Además de escribir, le encanta viajar y cultivar su jardín. Dice que de allí surgen muchas de las ideas para sus cuentos. Quiere llegar al corazón y a los intereses de los niños de hoy, contando aventuras de todos los días.

Mónica Yaniz García gusta de los colores alegres y brillantes. Sus ilustraciones son muy divertidas porque no hay nada más lindo para ella que la sonrisa de un niño.

Propósito de la autora

En *¡Me picó la Luna!*, la autora muestra cómo un niño pequeñito comienza a explorar y a descubrir el novedoso mundo que lo rodea. ¿Por qué crees que Elena escribió este cuento?

Respuesta al texto

Resumir

Resume lo que ocurre en el cuento. Piensa en los detalles importantes. La información de tu tabla de secuencia puede ayudarte.

Primero
↓
Después
↓
Luego
↓
Al final

Escribir

¿Cómo muestra la autora lo importante que es la relación entre Micaela y Macario? Completa estas oraciones para ayudarte a contestar:

La autora dice que Macario...

La autora muestra que Micaela...

Esto muestra que...

Hacer conexiones

¿Qué ve en el cielo Macario que llama tanto su atención? **PREGUNTA ESENCIAL**

Comenta algo que has visto o has aprendido sobre el cielo de noche. **EL TEXTO Y EL MUNDO**

Género • Texto expositivo

Compara los textos

Lee sobre el cielo de día y el cielo de noche.

Del día a la noche

Suena el despertador: *¡Pip! ¡Pip! ¡Pip!* Lo apagas, te desperezas y te levantas. Miras por la ventana y ves el cielo de día.

El cielo de día

Hoy el cielo no está **despejado**. Hay algunas nubes blancas, pero a ratos brilla el sol. El Sol es lo que más brilla en el cielo. Parece pequeño, pero es porque está lejos de la Tierra.

A veces se ven nubes en el cielo durante el día.

El Sol

El Sol es una estrella. Como todas las estrellas, es una enorme bola de gases calientes. El Sol es mucho más grande que la Tierra. Es la estrella más cercana, pero hay muchas estrellas más en el cielo. ¡De hecho, hay tantas estrellas que no pueden contarse! Durante el día no podemos verlas porque la luz del Sol **ilumina** el cielo.

Hola, Sol. . . Adiós, Sol

Si observaras el Sol todo el día, te parecería que recorre el cielo. Pero el Sol no se mueve, sino que es la Tierra la que rota, aunque no lo notes. Tarda 24 horas, o un día, en dar una vuelta completa. Durante la mitad de ese tiempo, tu hogar está de frente al Sol: es de día. Pero el resto del tiempo, tu casa no mira al Sol. Por eso es de noche.

Cuando el Sol ilumina tu casa, es de día. Pero como la Tierra rota, cuando tu casa está opuesta al Sol, es de noche.

(t) Design Pics/Kristy-Anne Glubish (b) NASA/NOAA/SPL/Getty Images

Las estrellas parecen puntos de luz muy pequeños, pero, en realidad, son enormes.

Russell Kord/Alamy Stock Photo

El cielo de noche

Al final del día, miras por la ventana antes de irte a la cama. El cielo está despejado y oscuro: es de noche. También se ve parte de la Luna. Sin la luz brillante del Sol, puedes ver muchas estrellas.

La Luna

La Luna es una pelota grande de roca. La Tierra gira sobre sí misma; en cambio, la Luna gira alrededor de la Tierra. Tarda alrededor de un mes en dar una vuelta completa. La Luna refleja la luz del Sol. A lo largo del mes que tarda en dar una vuelta, varía la cantidad de luz solar que refleja. Esto modifica la manera en que la vemos. Creemos que la Luna ilumina la noche, pero en realidad es la luz solar que se refleja en ella.

Vemos la Luna llena, también llamada plenilunio, una vez al mes.

Haz conexiones

¿Qué ves en el cielo de día y en el cielo de noche? **PREGUNTA ESENCIAL**

¿Qué le gusta buscar o mirar a la gente en el cielo? **EL TEXTO Y OTROS TEXTOS**

Jason Reed/Photodisc/Getty Images

TIME FOR KIDS®

Diferentes maneras de disfrutar de la música

Pregunta esencial

¿Cómo te expresas?

Lee sobre cómo las personas se expresan por medio de la música.

¡Conéctate!

Rune Hellestad/Corbis Entertainment/Getty Images

¿Puede disfrutar de un concierto una persona sorda?

En un **concierto**, la música fuerte retumba desde el escenario. La banda toca las guitarras y otros **instrumentos**. La batería y los platillos resuenan. Los espectadores aplauden y cantan. Al terminar el concierto, sus oídos zumban. Pero, no es necesario escuchar para disfrutar de un concierto. A muchas personas incapaces de oír les encanta ir a conciertos.

En este concierto de rock, una aficionada sorda se emocionó. Cuando la banda apareció, **ovacionó** a los músicos alzando su puño en el aire. ¡Tenía una gran sonrisa!

Una mujer sorda y su hijo disfrutan de un concierto. Se sentaron cerca de un intérprete.

Mark Harrison/The Seattle Times

AHORA COMPRUEBA

Hacer y responder preguntas ¿Qué cosas sucederán en un concierto? Regresa al texto para encontrar la respuesta.

Tocar música

En algunos conciertos, tocan bandas de rock. En otros, orquestas. Una orquesta es un grupo de músicos que tocan sus instrumentos todos juntos. La mayoría de las orquestas tienen cuatro secciones.

A continuación, encontrarás la cantidad de instrumentos que hay en cada sección.

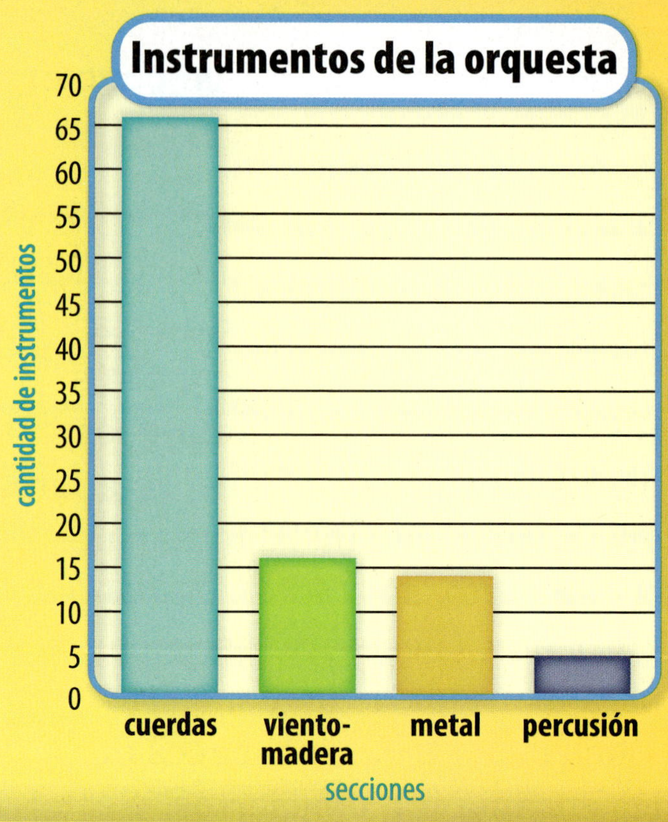

Un intérprete es una persona que usa el lenguaje de señas para mostrar las palabras de una canción.

Observar las señas

Una forma en que las personas sordas pueden disfrutar de un concierto es observando a un intérprete. Los intérpretes utilizan movimientos **corporales** para transmitir lo que está sucediendo sobre el escenario. Al observar sus movimientos, se puede **entender** lo que la banda está cantando.

Los movimientos ayudan a las personas sordas a sentir lo que la música expresa. ¡Estas sillas sí que bailan rock!

Rock and roll y descanso

La tecnología es otra opción. Existe una silla especial que se mueve con el **ritmo** de la **música**. Las personas sordas sienten el ritmo en sus espaldas. Los **sonidos** bajos y suaves hacen que la silla se mueva más despacio. Las personas sienten el ritmo en la parte inferior de sus cuerpos.

El uso de intérpretes y de tecnología son formas en que la gente sorda puede disfrutar de un concierto.

Respuesta al texto

1. ¿Cómo sabes que esta selección es un texto expositivo? **RESUMIR**
2. ¿Es "Diferentes maneras de disfrutar de la música" un buen título para esta selección? ¿Por qué sí o por qué no? **ESCRIBIR**
3. ¿Qué has aprendido sobre la tecnología que ayuda a las personas sordas a disfrutar de la música? **EL TEXTO Y EL MUNDO**

TIME FOR KIDS®

Compara los textos

Lee sobre un museo de instrumentos musicales y sonido.

Un museo musical

Durante una visita reciente al Museo del Instrumento Musical, algunos visitantes tocaron un tambor de madera grande. Otro hombre rasgueó una guitarra. Una mujer y su hija escucharon **música** de África y de Asia. Las personas que visitan este museo en Phoenix, Arizona, buscan experimentar y aprender sobre distintos sonidos.

courtesy of the Musical Instrument Museum

Los humanos pueden oír casi todos los **sonidos**, pero algunos animales escuchan sonidos que tú no puedes oír. Los perros y los murciélagos, por ejemplo, pueden escuchar sonidos muy agudos que no llegan a los oídos de los humanos. ¿Qué sonidos te gusta escuchar?

El sonido es la energía que producen los objetos al moverse. Esos movimientos se llaman vibraciones y son como ondas. Cuando algo vibra, hace que el aire también vibre. Las ondas se mueven por el aire rápidamente. Podemos oír las vibraciones cuando las ondas llegan a nuestros oídos. Estos escuchan las ondas como sonidos.

Haz conexiones

¿Cómo te ayuda el sonido a expresarte? **PREGUNTA ESENCIAL**

¿Cómo se expresa la gente a través de la música? **EL TEXTO Y OTROS TEXTOS**

Género • Texto expositivo

Me caigo

Vicki Cobb

Ilustraciones de Julia Gorton

Pregunta esencial

¿Cómo nos afectan las fuerzas de la Tierra?

Lee sobre cómo la gravedad empuja y jala.

¡Conéctate!

¿Sabes qué pasa cuando te tropiezas?

¡Te caes!

¿Sabes qué pasa cuando derramas la leche?

¡Gotea!

Lanza una bola hacia arriba. Mira lo que pasa. Sube por poco tiempo y después cae.

Intenta lanzar otras cosas hacia arriba.

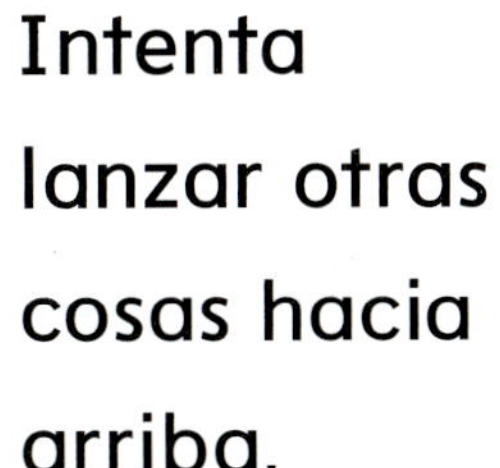

Un cubo.

Las llaves de tu mamá.

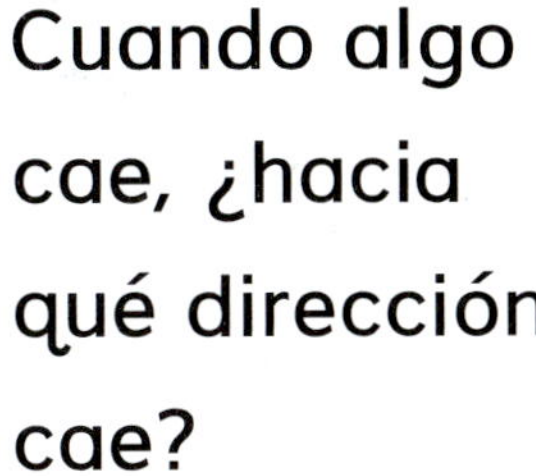

Cuando algo cae, ¿hacia qué dirección cae?

¿Alguna vez cae hacia arriba?

¿Sabes qué hace que las cosas caigan?

Es una **fuerza** llamada gravedad. Mientras estés en la Tierra, no podrás escapar de ella.

La gravedad siempre está jalando cosas.

¿Sabes en qué dirección?

Hacia abajo, hacia abajo, hacia abajo.

Observa cómo jala la gravedad.

Toma una cucharada de melaza o miel y apunta la cuchara hacia abajo para que el líquido viscoso gotee en el tarro.

¡Míralo gotear!

El líquido viscoso se estira y se hace más y más largo. Parece una cinta que fluye hacia el frasco. La gravedad jala la melaza de la cuchara. La lleva de vuelta hacia el frasco.

¿Algunas cosas caen con mayor rapidez que otras?

¡Haz la prueba y verás!

Sujeta una moneda y una llave en una mano. Abre la mano para que ambas empiecen a caer al mismo tiempo. Escucha y mira cuando toquen el piso.

¿Cuál ganó la carrera, la moneda o la llave? ¿O fue un empate?

Las cosas caen con tanta rapidez que es difícil saber si hay un ganador o un perdedor.

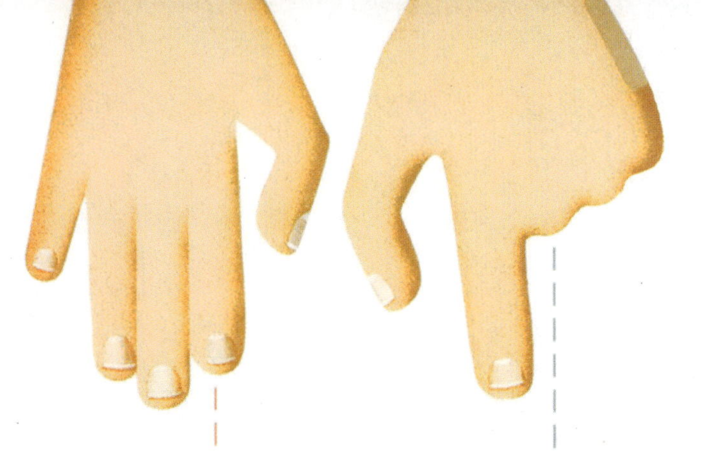

Juega muchas carreras de lanzamiento de cosas.

Pero no importa si los **objetos** son grandes o pequeños. Siempre parece que hay empate.

La única vez que hay un claro ganador es cuando lanzas algo que el viento podría volar con facilidad, como una pluma o un pañuelo de papel. El aire lucha contra la gravedad solo con los objetos muy livianos.

AHORA COMPRUEBA

Volver a leer ¿Por qué en las carreras de lanzamiento de cosas siempre hay empate? Vuelve a leer para comprobar si entendiste.

Si no hubiera aire, verías que la gravedad jala todo a la misma **velocidad**.

Los astronautas lo **comprobaron** en la Luna, donde no hay aire.

Cada carrera de lanzamiento de cosas fue un empate.

¡INCREÍBLE PERO CIERTO!

¿Todo aterriza con la misma fuerza? ¿O algunas cosas caen con más fuerza que otras?

El siguiente es un modo de averiguarlo.

Haz que alguien deje caer una esponja seca sobre tu mano desde más o menos un pie de distancia. Después intenta con una barra de jabón pequeña. ¿Cuál cae sobre tu mano con más fuerza? ¿La esponja o el jabón?

Intenta arrojar muchas cosas sobre tu mano.

Pronto descubrirás que algunas cosas caen con más fuerza que otras.

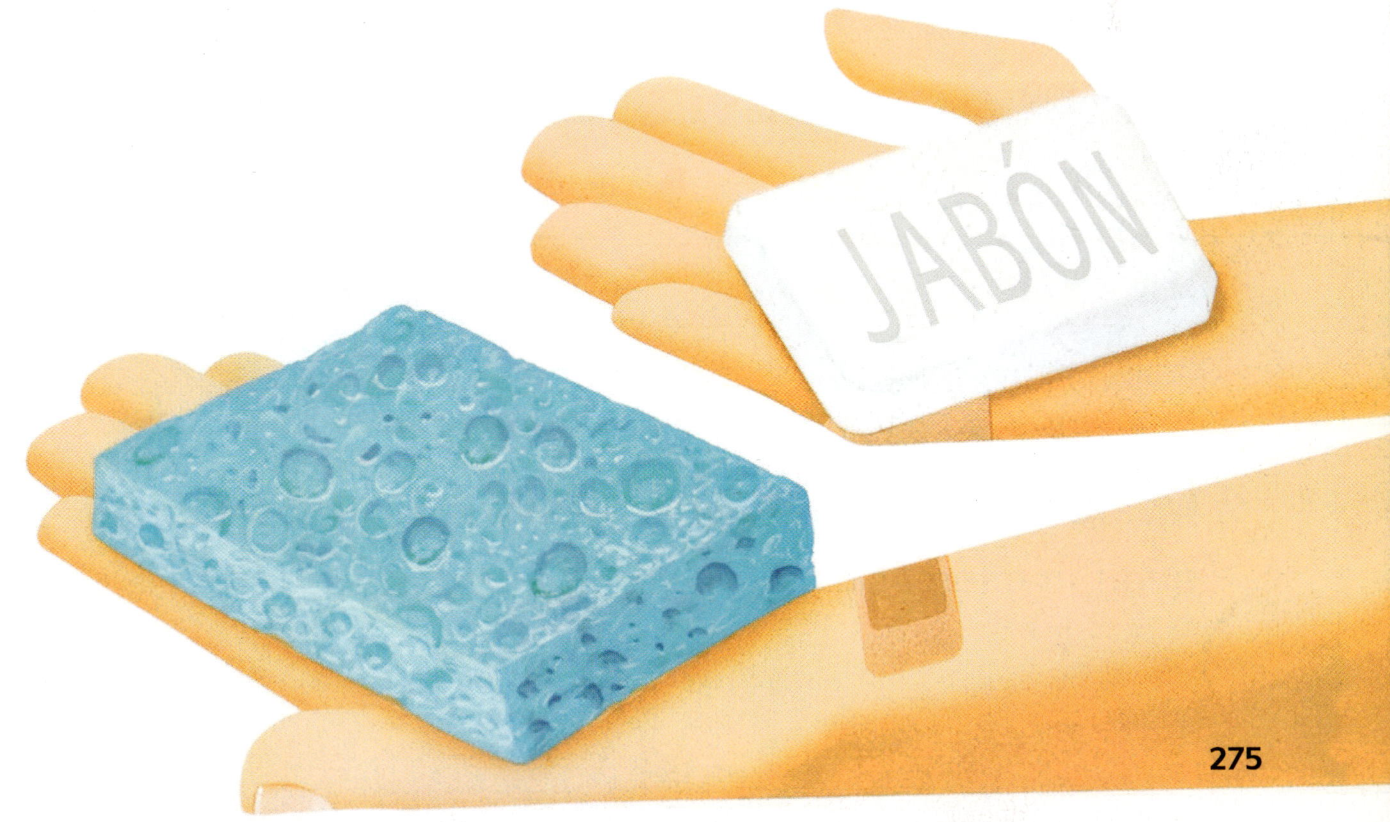

¿Cuál pesa más, la esponja o el jabón?

Mueve las manos hacia **arriba** y hacia **abajo** para sentir la diferencia.

Tus manos evitan que la esponja y el jabón caigan al suelo.

Pero aún puedes sentir el jalón de la gravedad sobre el jabón y la esponja cuando los sostienes en las manos. Este jalón se llama **peso**.

AHORA COMPRUEBA

Volver a leer ¿Qué es el peso? Vuelve a leer para comprobar si entendiste.

Puedes ver si un objeto es más pesado que otro sin dejar que ninguno de los dos caiga.

Hazlo así:

Ata uno de tus zapatos a una banda elástica. Ata uno de los zapatos de tu padre o de tu madre a la otra banda elástica.

Levanta ambos zapatos por la banda elástica.

¿Qué banda elástica se estira más?

El zapato más pesado es el que estira más la banda elástica. Ellas son como una balanza para **medir** el peso.

Tu peso es la medida de la fuerza con la que caes.

¿Cuánto pesas?

¿Cuánto pesa tu madre o tu padre?

Cuanto más peses, con más fuerza caerás.

Pero no tienes que caer para poder pesarte.

Una balanza te dice tu peso,

¡sin que tengas que caer!

Entonces, simplemente, súbete a una balanza.

¡Yupi!

Conozcamos a la autora y a la ilustradora

A **Vicki Cobb** le gusta poner a prueba a la gravedad en las pistas de esquí. La gravedad la atrae hacia una dirección... ¡hacia abajo! A Vicki le gustaban las actividades creativas y los experimentos que hacía en su escuela primaria en la Ciudad de Nueva York. Hacían que la ciencia fuera divertida. Le gustaba tanto aprender que hoy escribe libros para ayudar a otros niños a aprender de la misma manera.

Julia Gorton ve la gravedad en acción todos los días: mientras mira a sus tres hijos andar en patineta. Julia ilustra libros y da clases en una escuela de arte.

Propósito de la autora

Vicki hace, todo el tiempo, preguntas a los lectores en *Me caigo*. ¿Cuál es su propósito al hacer preguntas?

Respuesta al texto

Resumir

Piensa en los detalles clave para resumir la selección. Usa la tabla del propósito de la autora como ayuda para ordenar tus ideas.

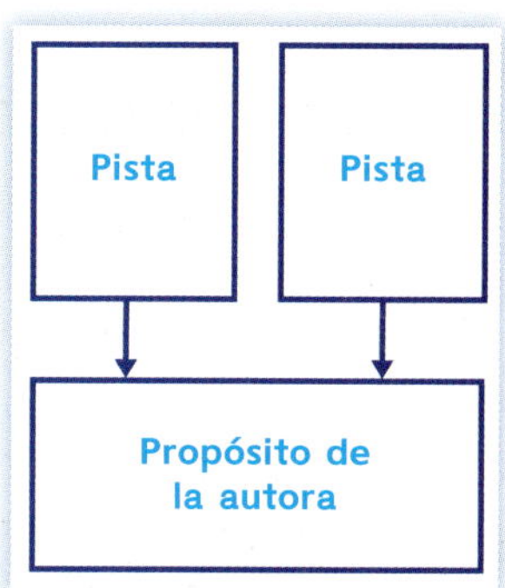

Escribir

¿Cómo muestra la autora a través de las ilustraciones la manera en que se relacionan la gravedad y el peso? Usa estos marcos de oración:

La ubicación del texto en las páginas aclara las ilustraciones al....

Las ilustraciones del jabón y la esponja...

Hacer conexiones

¿Cómo nos afecta la fuerza de gravedad? **PREGUNTA ESENCIAL**

Menciona algo que te haya sorprendido de lo que aprendiste sobre la gravedad en *Me caigo*. **EL TEXTO Y EL MUNDO**

Género • Texto expositivo

Compara los textos

Lee sobre cómo se mueven las cosas.

¡Muévelo!

Todo sobre el movimiento

Busca ejemplos de empujes y jalones que causen movimiento.

El lugar donde algo se encuentra es su **posición**. Cuando algo se mueve, cambia de posición. Esto se llama movimiento. Pero ¿qué causa el movimiento?

Piensa en un columpio. Al igual que otros objetos, no puede moverse por sí solo. Necesita el empuje o el jalón de una **fuerza** diferente. Una persona puede empujar o jalar un columpio. El empuje y el jalón hacen que se mueva hacia adelante y hacia atrás.

Stockbyte/PunchStock

El movimiento en acción

¿Dónde puedes ver mucho movimiento? ¡En un partido de fútbol! Hay muchas fuerzas en juego. Cada patada es un empuje que mueve el balón. Si un jugador patea fuerte, el balón se mueve a una **velocidad** rápida. Con un golpe suave, se mueve lentamente. La velocidad es la distancia que recorre algo en cierto tiempo.

Un jugador puede patear el balón en línea recta. Él o ella pueden patearlo hacia arriba, pero la fuerza de gravedad lo hará bajar de nuevo. Si uno lo mueve en zigzag, lo aleja de otros jugadores. El portero puede empujar el balón y alejarlo. Mientras el partido continúa, el movimiento no se detiene.

Fuerza		
	Empuje	Jalón
	X	
		X
	X	

Haz conexiones

¿Cómo afectan a los objetos las fuerzas de empuje y jalón? **PREGUNTA ESENCIAL**

¿Qué has leído sobre la fuerza de gravedad esta semana? **EL TEXTO Y OTROS TEXTOS**

Género • Texto expositivo

TIEMPO TORMENTOSO

Seymour Simon

Pregunta esencial

¿Cómo nos afecta el estado del tiempo?

Lee sobre cómo el tiempo tormentoso afecta a las personas y a los lugares.

¡Conéctate!

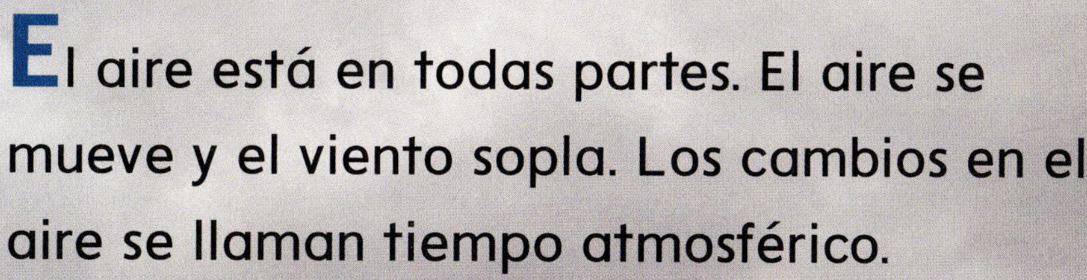

El aire está en todas partes. El aire se mueve y el viento sopla. Los cambios en el aire se llaman tiempo atmosférico.

Algunas veces, el tiempo es soleado y agradable. Otras, está nublado y lluvioso. Las tormentas son cambios repentinos y **bruscos** en el tiempo.

Tormentas eléctricas

Una tormenta eléctrica es una lluvia fuerte. En pocos minutos, pueden caer millones de galones de agua. Cientos de tormentas eléctricas se forman por segundo en todo el mundo. Suelen tener relámpagos y truenos, que son el sonido de los relámpagos.

Relámpagos

Un relámpago es una enorme descarga de electricidad. Un rayo tiene entre seis y diez millas de largo, pero solo un dedo de ancho. Además, su temperatura es mayor a la de la superficie del Sol. Puede ser muy **peligroso** y dañino. Por ejemplo, el calor de un rayo puede incendiar un árbol o una casa.

¿Te gustaría saber a qué distancia están los relámpagos que ves? Cuenta los segundos entre que ves un rayo y oyes el trueno. Cinco segundos equivalen a una milla. Si el ruido se oye uno o dos segundos después de que ves el rayo, tómalo como una **advertencia**. Significa que el rayo está muy cerca de ti.

Cómo se forman los relámpagos

Entre el suelo y las nubes se acumulan cargas eléctricas.

Tornados

A veces, las tormentas eléctricas originan tornados. Estos oscuros remolinos descienden desde la tormenta. El viento dentro de un tornado gira a cientos de millas por hora. Puede levantar camiones pesados, arrancar techos y **destruir** casas.

El 22 de mayo de 2011, hubo un tornado de una milla de ancho. Arrasó con la ciudad de Joplin, Missouri. El enorme tornado provocó muchos heridos. Destruyó edificios y dañó la mayor parte de la ciudad.

El tornado dañó esta casa en Joplin, Missouri.

Avisos y advertencias

Una advertencia anticipada por televisión, radio e internet puede salvar vidas. Una alerta temprana se llama aviso de tornado. Una advertencia de tornado significa que se ha visto un tornado. Por lo tanto, debes refugiarte.

AHORA COMPRUEBA

Hacer y responder preguntas
¿Qué significa una advertencia de tornado? Vuelve al texto para encontrar la respuesta.

Huracanes

Los huracanes son las tormentas más grandes de todas. Causan más heridos y destruyen más edificios que todas las otras tormentas juntas. Los huracanes se producen durante el verano y al comienzo del otoño. Se forman sobre las aguas cálidas del océano. A veces, se desplazan hasta alcanzar tierra firme. Los huracanes se extienden por cientos de millas. Sus peligrosos vientos soplan a una velocidad de entre 74 y 200 millas por hora. Las olas de las tormentas pueden arrasar costas, barcos y casas.

Danita Delimont/Alamy Stock Photo

AHORA COMPRUEBA

Hacer y responder preguntas ¿En qué época se producen los huracanes? Vuelve al texto para encontrar la respuesta.

En agosto de 2005, se produjo el huracán Katrina. Fue una de las peores tormentas de la historia. En Luisiana, muchas personas se quedaron sin hogar a causa de Katrina. El **daño** a las construcciones de la ciudad de Nueva Orleans costó miles de millones de dólares.

La lluvia del huracán Katrina inundó esta calle en Nueva Orleans.

Ventiscas

Los huracanes ocurren durante el tiempo cálido. En cambio, las ventiscas son grandes tormentas de nieve invernales. Caen dos o tres pulgadas de nieve por hora. Hay temperaturas bajo cero y los vientos intensos soplan ferozmente.

En febrero de 2007, una ventisca en el Día de San Valentín afectó a la mitad este de Estados Unidos. Fuertes nevadas cubrieron gran parte del país. Algunos lugares tenían hasta cuatro pies de nieve. Millones de casas estuvieron sin electricidad durante varios días. Cientos de personas se quedaron varadas en aeropuertos y autopistas nevadas.

Timothy A. Clary/AFP/Getty Images

Nadie puede **prevenir** una tormenta. El tiempo tormentoso existe en todos lados. Quizás algún día tu familia y tú se encuentren en medio de una tormenta. Si sabes con anticipación lo que hay que hacer, te sentirás más seguro en la próxima tormenta.

CONSEJOS DE SEGURIDAD

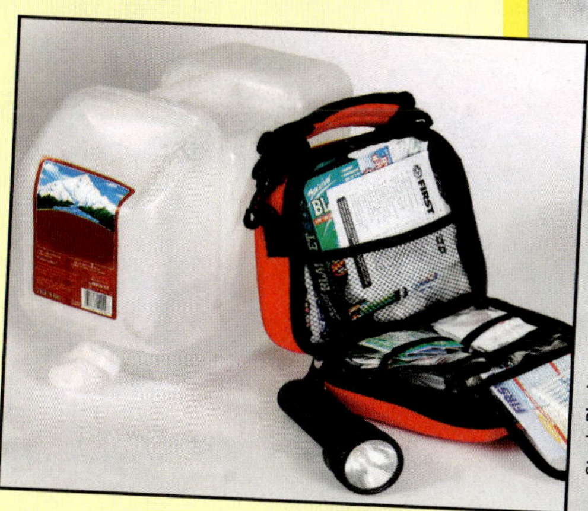

Aquí tienes consejos de seguridad ante una tormenta:

- No salir durante tormentas fuertes.
- Tener un botiquín de seguridad con botellas de agua y linternas.
- Alejarse de las ventanas.
- Mantenerse alejados de los cables eléctricos caídos.

ZUMA Press, Inc./Alamy Stock Photo

CONOZCAMOS AL AUTOR

A **Seymour Simon** siempre le ha interesado la ciencia. Cuando era adolescente y vivía en Nueva York, era presidente del Club Juvenil de Astronomía. ¡Hasta construyó su propio telescopio para mirar las estrellas!

Seymour enseñó ciencia a niños durante muchos años antes de ser escritor, y no ha dejado de enseñar. "Nunca dejaré de hacerlo, no mientras siga escribiendo y hablándole a niños de todo el país y de todo el mundo". Seymour ha escrito más de 250 libros sobre ciencia y ha ganado importantes premios. Sus libros hacen que la ciencia sea clara, fácil de entender y divertida.

PROPÓSITO DEL AUTOR

¿Cuál fue el propósito de Seymour cuando escribió *Tiempo tormentoso*?

Respuesta al texto

Resumir

Usa detalles importantes para resumir lo que aprendiste en esta selección. La información del cuadro de idea principal y detalles clave podría resultarte útil.

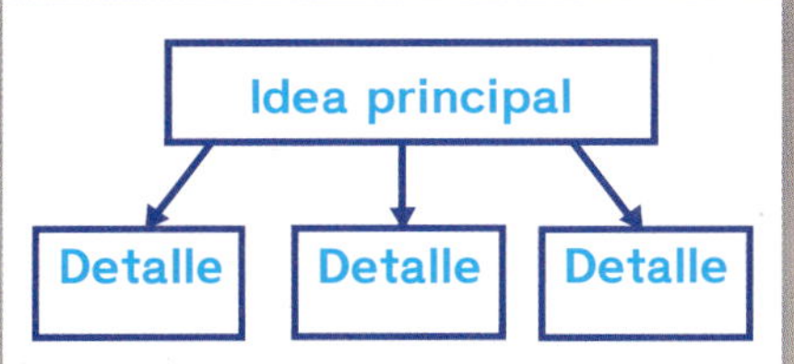

Escribir

¿Cómo te ayuda el autor a comprender la manera en que el tiempo tormentoso afecta a las personas? Usa estos marcos de oración:

El autor usa...
Las fotos muestran...

Hacer conexiones

¿Cómo nos afecta el tiempo tormentoso?
PREGUNTA ESENCIAL

¿Qué aprendiste sobre los relámpagos a partir de la selección? **EL TEXTO Y EL MUNDO**

Género • Texto expositivo

Compara los textos

Lee sobre los instrumentos que se usan para pronosticar el tiempo.

La veleta tiene una flecha. El viento mueve la flecha y así muestra la dirección del viento.

¿PUEDE PRONOSTICARSE EL TIEMPO?

La gente quiere saber cómo está el tiempo: si hace calor o frío, si lloverá o nevará. También es importante que sepa si habrá un **acontecimiento** climático peligroso, como una tormenta eléctrica.

¿Cómo está el tiempo hoy?

Existen instrumentos que sirven para determinar cómo está el tiempo. Algunos pueden usarse en el hogar. Por ejemplo, un ***termómetro*** indica la temperatura. Mide si el aire está cálido o frío. Una ***veleta*** indica la dirección del viento. La veleta gira y muestra de dónde viene el viento. Si la dirección del viento cambia, el estado del tiempo también cambiará.

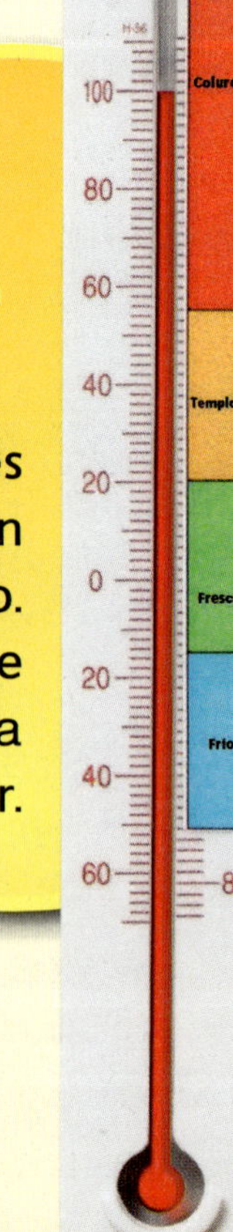

El termómetro es un tubo con un líquido rojo. El líquido sube cuando afuera hace calor.

(t) Stephen St John/National Geographic/Getty Images (b) Ken Kavanagh/McGraw-Hill Education

La imagen del radar muestra dónde están las tormentas importantes. El color rojo muestra zonas donde hay mal tiempo.

¿Cómo pronostican el tiempo los científicos?

Algunos instrumentos **meteorológicos** indican cómo está el tiempo en este momento y otros señalan cómo estará próximamente. La meteorología estudia el estado del tiempo. Usa instrumentos para predecirlo y así confecciona el pronóstico.

Los meteorólogos usan radares para controlar el tiempo mediante ondas de energía. Sus imágenes indican si se aproximan tormentas, lluvia o nieve. Cuando viene una tormenta fuerte, emiten una advertencia y muestran la velocidad y la dirección en la que esta se mueve.

Seguridad en una tormenta eléctrica

SÍ:

- Permanece en tu hogar.
- Si estás al aire libre, aléjate de lugares altos y abiertos.

NO:

- No te pares bajo un árbol.
- No te acerques ni te metas al agua.
- No andes en bicicleta.

Haz conexiones

¿Por qué los instrumentos nos resultan útiles para entender cómo nos afecta el tiempo? PREGUNTA ESENCIAL

¿Cómo pueden las personas mantenerse a salvo ante el mal tiempo? EL TEXTO Y OTROS TEXTOS

Pregunta esencial

¿Cuáles son las diferencias entre los niños del mundo?

Lee sobre dos primos que viven en Estados Unidos y en República Dominicana.

¡Conéctate!

El olor del mar

Ricardo Alcántara
ilustraciones de Steven Mach

Jimena tenía ocho años, el cabello rizado y la sonrisa fácil. Era delgada, inquieta y no demasiado alta para su edad.

Jimena había nacido y crecido en la provincia de Samaná, República Dominicana, muy cerca del mar. Quizá por eso el mar era su gran amigo, su compañero inseparable.

Tan pronto despertaba, desayunaba rápidamente y corría a su encuentro. Al salir de la escuela, también iba a visitar a su amigo.

Solía quitarse los zapatos y pararse junto a la orilla. El mar iba y venía, como si jugara con sus pies descalzos.

Jimena cerraba los ojos, aspiraba hondo y sonreía. Aquel era su aroma **favorito**: el olor a mar.

Los sábados por la mañana, la niña iba a la biblioteca del barrio. Aunque en la sala estaba **rodeada** de libros, su intención no era leer. Allí le dejaban usar una computadora.

Sentada frente a la pantalla, le enviaba mensajes a su primo Alejandro.

Alejandro era un poco mayor que ella, había cumplido nueve años. Era un niño solitario, callado, con ojos grandes, oscuros y tristes.

Al igual que Jimena, había nacido en República Dominicana. Pero, siendo un bebé, sus papás se mudaron muy lejos: a Chicago.

AHORA COMPRUEBA

Visualizar ¿Cómo imaginas la llegada de Alejandro a Chicago? Aplica la estrategia de visualizar para ayudarte.

Alejandro no tenía recuerdos de su país ni de su familia. No había vuelto a ver a sus abuelos ni a sus tíos. Cada sábado se escribía con su prima Jimena, a la que tampoco conocía.

Para descubrir cómo era Jimena, Alejandro le pidió una foto. Jimena le envió tres. En una llevaba un **disfraz** de Caperucita Roja. En otra participaba en un **desfile** de la escuela. Y en la tercera estaba descalza, parada junto a la orilla del mar.

Alejandro colocó las fotos en su habitación, junto a la computadora.

Por la noche, antes de apagar la luz, se despedía de Jimena. “Hasta mañana”, le decía.

A pesar de la distancia, Jimena y Alejandro se sentían muy unidos.

Cada sábado aprovechaban para contarse sus cosas. Algunas veces se sorprendían con lo que le escribía el otro.

A Jimena se le ocurrió preguntarle a su primo:

¿Cómo es tu casa?

El niño respondió:

Vivo en un edificio muy grande. Hay tantos vecinos que ni siquiera conozco a la mitad.

Jimena quedó impresionada. En su barrio se conocían todos, pues los vecinos llevaban allí muchos años.

AHORA COMPRUEBA

Visualizar ¿Cómo te imaginas la casa de Jimena? Aplica la estrategia de visualizar para ayudarte.

En otra ocasión, fue Alejandro quien le preguntó a ella:

¿Quién te lleva a la escuela?

Nadie. Voy andando sola.

Alejandro quedó impresionado. A él sus papás no lo dejaban ir solo. Siempre lo acompañaban y lo recogían a la salida de la escuela.

Pero la mayor de las sorpresas estaba por llegar. Un buen día, Jimena le preguntó a Alejandro:

¿Cómo es el mar allí? ¿Qué color tiene? ¿A qué huele?

No conozco el mar. Está lejos de aquí. Jamás lo vi.

La niña pensó que era una broma. Le costaba creer que no conociera el mar. “¿Cómo puede vivir sin tenerlo cerca?”, **se preguntaba**.

Al salir de la biblioteca, Jimena se dirigió a la playa. Se sentó junto a la orilla con la mirada en el horizonte. Pensaba y pensaba.

Le dio tantas vueltas que, por fin, se le ocurrió algo.

Se levantó de un salto y corrió hacia la biblioteca. Pero era el mediodía y estaba cerrada.

“¡Ay, caramba!”, murmuró. Ella era muy impaciente y no le gustaba esperar.

Regresó a su casa andando lentamente.

Por la tarde, cuando abrieron la biblioteca, ella esperaba junto a la puerta. Dándose prisa, le envió un mensaje a su primo.

Se me ocurrió una idea. Podrías venir a pasar las vacaciones con nosotros. A todos nos gustaría mucho. Tú y yo jugaríamos juntos y conocerías el mar.

Cuando Alejandro leyó el mensaje quedó sin palabras. No podía reaccionar.

Por un lado le apetecía muchísimo conocer a su familia. Pero sus papás no podrían acompañarlo, pues tenían que trabajar. Tendría que **viajar** solo, y eso lo asustaba bastante.

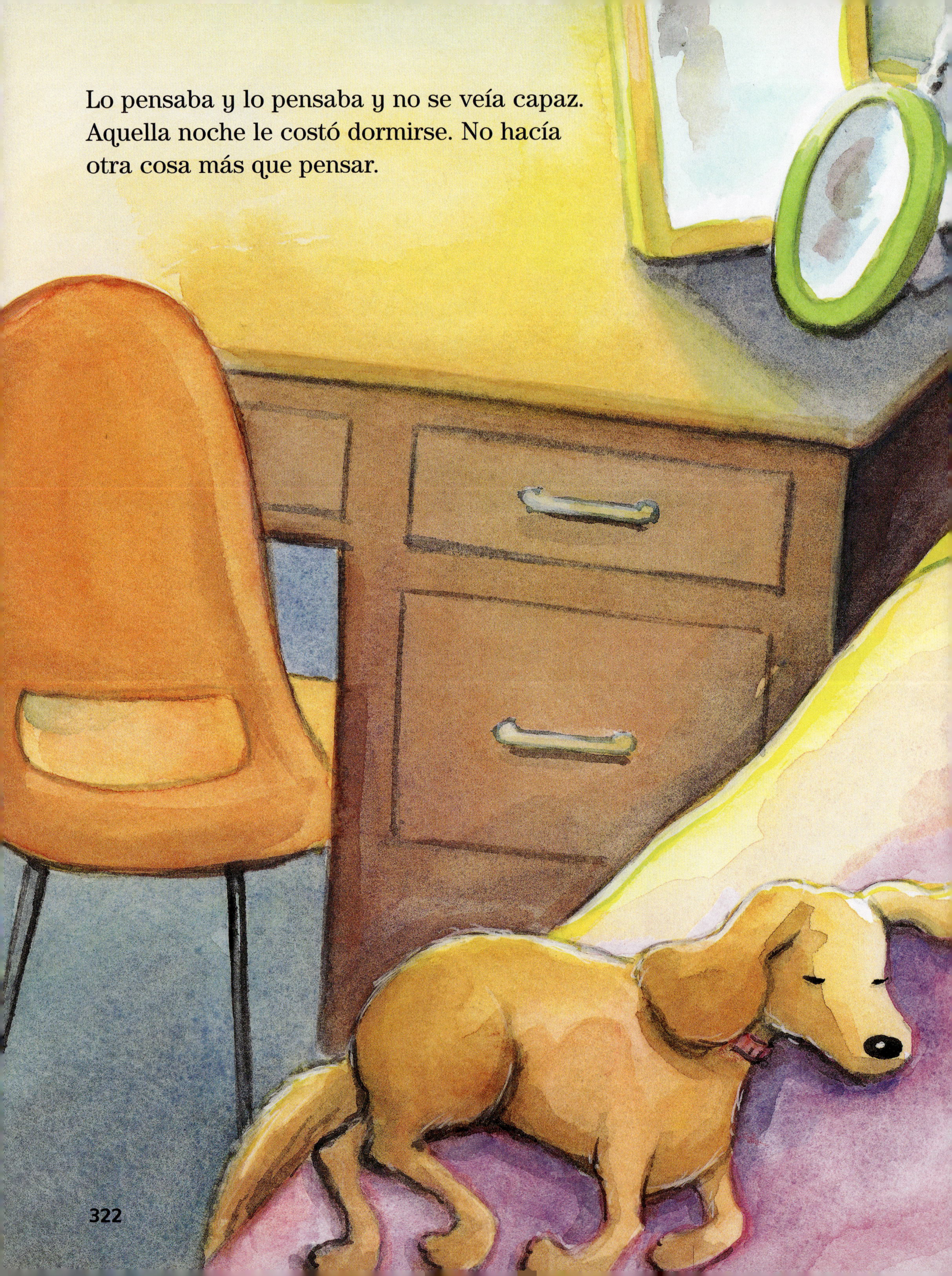

Lo pensaba y lo pensaba y no se veía capaz. Aquella noche le costó dormirse. No hacía otra cosa más que pensar.

A la mañana siguiente, decidió escribirle a su prima.

Jimena, ¿a qué huele tu mar?

Ese día Jimena no se acercó a la biblioteca. Era domingo y sabía que estaba cerrada. Pero el lunes, a primera hora, se presentó en la sala. Algo le decía que podría tener un mensaje de su primo. ¡Y así era!

Luego de leerlo, le contestó rápidamente:

Al leer el mensaje, Alejandro ya no tuvo dudas. "Pues sí, tengo que conocerlo", pensó.

En cuanto sus papás llegaran a casa, hablaría con ellos. Les pediría que lo dejaran ir. Necesitaba sentir el olor de aquel mar.

En la orilla del cuento

Ricardo Alcántara

Nací en Montevideo, allí hay un río grande como un mar. Luego viví en São Paulo, allí fui casi feliz. No logré serlo del todo porque me faltaba el mar. Desde hace años estoy en Barcelona; aquí hay un mar tan intenso que suaviza la añoranza que siento por aquel río tan grande que algunos confunden con el mar.

Propósito del autor

¿Por qué crees que Ricardo escribió este cuento? ¿Para entretenernos o para enseñarnos algo?

(inset) Jaume Maruny Valmaña

Respuesta al texto

Resumir

Resume el cuento. Piensa en los detalles importantes. La información de tu tabla de comparar y contrastar puede ayudarte.

	Jimena	Alejandro
Dónde viven		
Cómo son		

Escribir

¿Cómo muestra el autor las diferencias en las vidas de Jimena y Alejandro? Completa estas oraciones para ayudarte a contestar:

El autor cuenta que Jimena...
El autor cuenta que Alejandro...

Hacer conexiones

¿Cuáles son algunas de las distintas costumbres que tienen Jimena y Alejandro? **PREGUNTA ESENCIAL**

Comenta alguna costumbre de Jimena o de Alejandro que tú también tienes. **EL TEXTO Y EL MUNDO**

Género • Texto expositivo

Compara los textos

Lee acerca de juegos que juegan los niños en diferentes países.

Mapamundi

N
O
E
S
Ghana
Australia

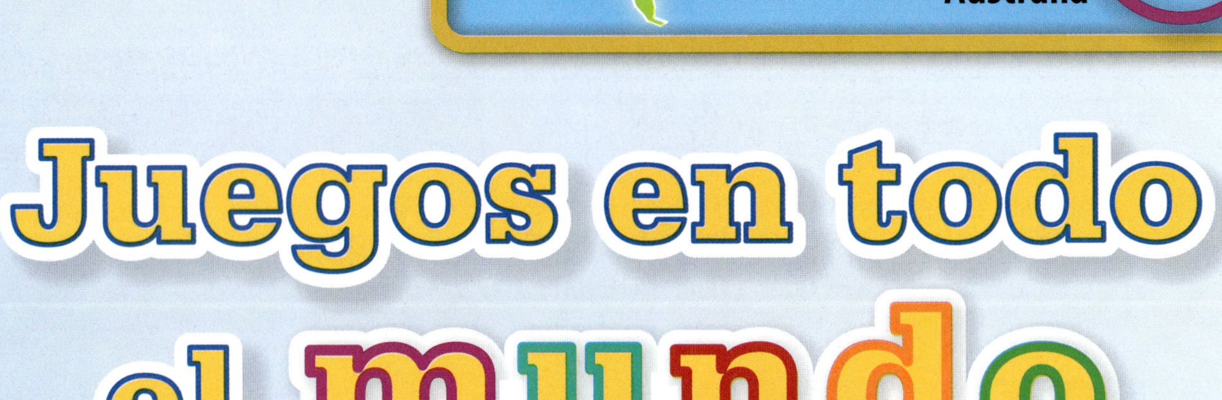

Juegos en todo el mundo

¿A qué les gusta jugar a ti y a tus amigos? ¿Les agradan los juegos al aire libre, donde se pueden mover? Quizás prefieran entretenerse en casa con juegos de mesa o de computadora.

Los niños se divierten de distintos modos. Los juegos son parte de las **costumbres** de un país. Estos son algunos juegos infantiles de diferentes países.

Atrapado en el lodo

El juego de persecución es muy **común** en todo el mundo. En Australia existe uno llamado "atrapado en el lodo". Un niño es el "perseguidor" que "toca" a los demás jugadores. El que fue tocado se queda quieto en ese lugar, como si estuviese atrapado en lodo pegajoso. Los otros jugadores pueden liberarlo. Para hacerlo, deben pasar bajo las piernas del que está inmovilizado. El juego termina cuando quedan todos atrapados en el lodo.

Estos niños de Australia están jugando a "atrapado en el lodo".

Oware

Los niños de Ghana se entretienen con un juego de mesa llamado *oware*. Este es uno de los juegos más antiguos del mundo. Dos jugadores usan un tablero de madera que contiene 12 hoyos. Los jugadores tienen 48 fichas, que por lo general son frutos secos, frijoles o piedritas. Deben planear cómo mover las fichas de hoyo en hoyo. El juego ayuda a ser bueno en matemáticas.

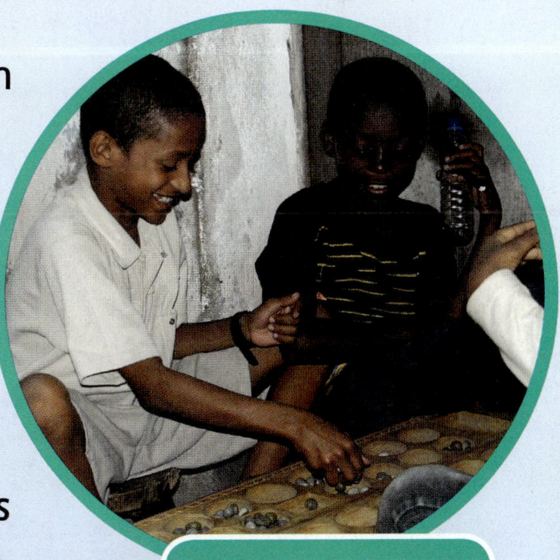

Estos niños de Ghana están jugando al oware.

Mapa del mundo

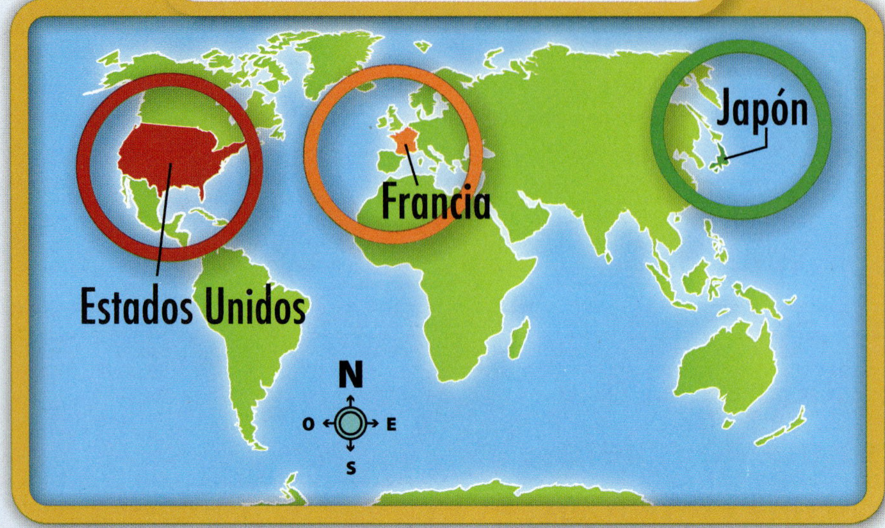

Saltar la cuerda

Los niños y las niñas de todo el mundo han jugado por cientos de años a *saltar la cuerda.* ¡Lo único que necesitan es un trozo de soga! Los colonos de Holanda trajeron este juego a América hace mucho tiempo.

Hoy algunos utilizan más de una cuerda. Los jugadores pueden hacer trucos, como vueltas y giros. Incluso hay concursos para ver quién puede saltar más veces o hacer las mejores piruetas.

Esta niña, que está en el medio, debe *saltar dos cuerdas.*

Caracol

En Francia los niños juegan al *caracol*. Se parece a la rayuela americana. Los jugadores dibujan con tiza un caracol en el patio o en la acera. Marcan cuadros dentro del caparazón del caracol. Luego saltan hacia el centro en un solo pie. Como en la rayuela, pierden su turno quienes apoyan los dos pies en el suelo.

Estos niños están jugando al *caracol*. Deben saltar a través de los cuadros en un pie.

Ayatori

En Japón, los niños se entretienen con un juego de cuerdas llamado *ayatori*. Primero atan una cuerda por sus extremos. Luego la enroscan en sus dedos y hacen con ella distintas figuras. Por ejemplo, formas de escoba o de escalera. Se puede jugar solo o con un amigo. Los niños de todo el mundo tienen diferentes juegos. Sin importar dónde vivan, ¡saben cómo divertirse!

Estos niños están jugando al *ayatori*.

Haz conexiones

¿En qué se diferencian los juegos de los niños del mundo? **PREGUNTA ESENCIAL**

Comenta a cuáles de estos juegos podrían jugar Jimena y Alejandro en su tiempo libre. **EL TEXTO Y OTROS TEXTOS**

Género • Texto expositivo

Pregunta esencial

¿Cómo cambia la Tierra?

Lee cómo los volcanes cambian la Tierra.

¡Conéctate!

Los volcanes

Sandra Markle

Sverrir Thorolfsson Iceland/Flickr/Getty Images

Un día normal del mes de abril, sucedió algo fuera de serie. Una masa de lava hirviendo **explotó** y brotó de un volcán en Islandia. Una vez en el aire, las pequeñas gotas se enfriaron rápidamente y se transformaron en cenizas. Luego, el volcán continuó en erupción. Pronto, el aire se llenó de cenizas.

Cerca de ese lugar, un granjero condujo a sus vacas hacia el amplio granero de la familia. Su esposa dijo: "Fue un momento terrible. Podía oír los rugidos del volcán, como truenos lejanos. A pesar de que era de día, se hizo de noche rápidamente. Luego, empezaron a caer copos del cielo, pero no eran copos de nieve blancos. Eran copos negros. Cuando me tocaban la piel, se sentían como **arena**".

La erupción de este volcán tuvo un gran impacto sobre la población **local** y en todo el mundo. Entonces, ¿por qué entró en erupción?

Si la comparamos con el tamaño de toda la **Tierra**, la corteza terrestre es delgada. Está rota en trozos llamados placas. En lo más profundo, el núcleo de la Tierra está tan caliente que la roca que lo rodea se calienta y se mueve.

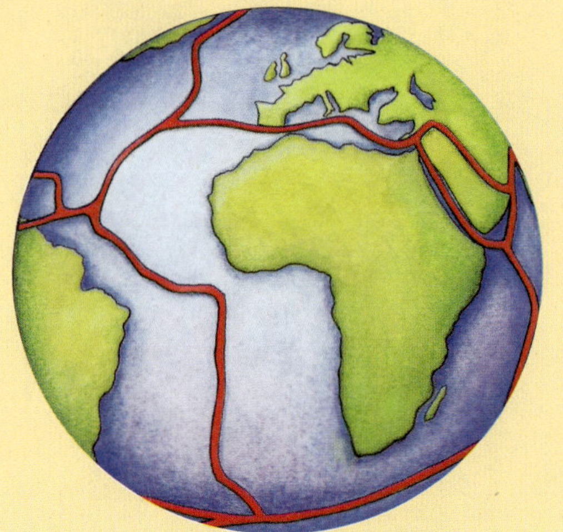

Debajo del suelo y del agua, la corteza terrestre está rota y dividida en placas que se mueven, aunque no se note. La más veloz se mueve solo 6 pulgadas por año.

A medida que la roca se calienta, se eleva. Cuando está cerca de la corteza, se enfría y se hunde. Los investigadores creen que estas corrientes hacen que las placas se muevan. Cuando las placas se mueven, la roca derretida que hay bajo la corteza, se eleva. Esta roca derretida es el magma.

¡Observa el magma tú mismo!

Puedes representar lo que sucede con el magma bajo las placas de la Tierra.

- Con ayuda de un adulto, hierve agua en una olla.
- Pon un puñado de pasas de uva en el agua.
- Observa. Verás cómo las pasas se hunden y, luego, vuelven a la superficie. El agua se calienta en la base de la olla y sube. Luego, se enfría en la superficie y se hunde. Las pasas se mueven en estas corrientes, como el magma que está debajo de la corteza de la Tierra.

Si las placas se mueven y se apartan lo suficiente, el magma llega a la superficie de la Tierra y puede explotar en el aire. Puede fluir sobre la superficie de la Tierra. Cuando el magma fluye a la superficie, se llama lava.

Hay lava fluyendo a la superficie en distintos lugares del mundo. Si se junta demasiada lava en un solo lugar de la superficie de la Tierra, forma una montaña, es decir, un volcán. Muchos volcanes se encuentran a orillas del océano Pacífico. ¡Con razón se dice que es un anillo de fuego!

La lava puede tener diferentes **propiedades**, como, por ejemplo, ser fluida o viscosa. Si es fluida, se esparce por la superficie de la Tierra antes de enfriarse y volverse **sólida**. Este tipo de lava es la que forma los volcanes de escudo planos. El volcán Mauna Loa, en Hawái es un volcán de escudo. Se originó cuando un poco de lava manó de una grieta en el fondo del océano. Luego, la lava fue creciendo, acumulándose en capas. Una vez que la cima de la montaña asomó sobre la superficie del agua, formó una **isla**. El Mauna Loa sigue muy **activo**. Ha entrado en erupción 39 veces desde el año 1832.

El volcán Mauna Loa, en Hawái, es el más grande de la Tierra.

Sami Sarkis/Photographer's Choice/Getty Images

Este es el volcán que entró en erupción en Islandia.

Si la lava es viscosa, se apila sobre la superficie de la Tierra y origina un volcán con forma de cono y laderas empinadas. El volcán que entró en erupción en Islandia es un volcán con forma de cono. No es muy activo. La última vez que entró en erupción fue hace casi 200 años. Mientras estuvo inactivo, se acumuló mucho hielo sobre la montaña. Luego, en 2009, los investigadores descubrieron que el volcán estaba entrando en actividad nuevamente.

AHORA COMPRUEBA

Volver a leer ¿Qué formas puede tener un volcán? Vuelve a leer y halla la respuesta.

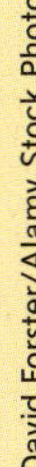

El magma llena una cámara dentro del volcán. Luego, hace presión hacia arriba como si se tratara de un tubo, hacia la grieta que está en la superficie, el cráter.

Los científicos saben que un volcán está por entrar en erupción cuando se hincha. Esto sucede porque el magma empuja hacia arriba desde adentro del volcán. La montaña no se hincha tanto como para que la gente se dé cuenta. Existen instrumentos especiales para medir estos movimientos. Otros instrumentos sirven para registrar los terremotos alrededor del volcán. La existencia de muchos terremotos es otro indicio de que el magma está subiendo dentro del volcán.

La lava del volcán de Islandia brotó por debajo de la capa de hielo. El hielo se derritió y se transformó en vapor. Si alguna vez viste cómo el vapor levanta la tapa de una cacerola, sabrás lo que sucedió luego. El vapor y el gas que escapó del volcán hicieron que el magma estallara en millones de gotitas diminutas. Estas gotas se enfriaron y se transformaron en ceniza. El viento la desparramó por toda Europa.

La ceniza volcánica podía dañar las partes del motor de un avión y era muy peligroso volar. Los aviones de todo el mundo estaban parados. Algunas personas estaban varadas.

Luego de la erupción en Islandia, las cenizas cubrieron el suelo.

Robert Matton AB/Alamy

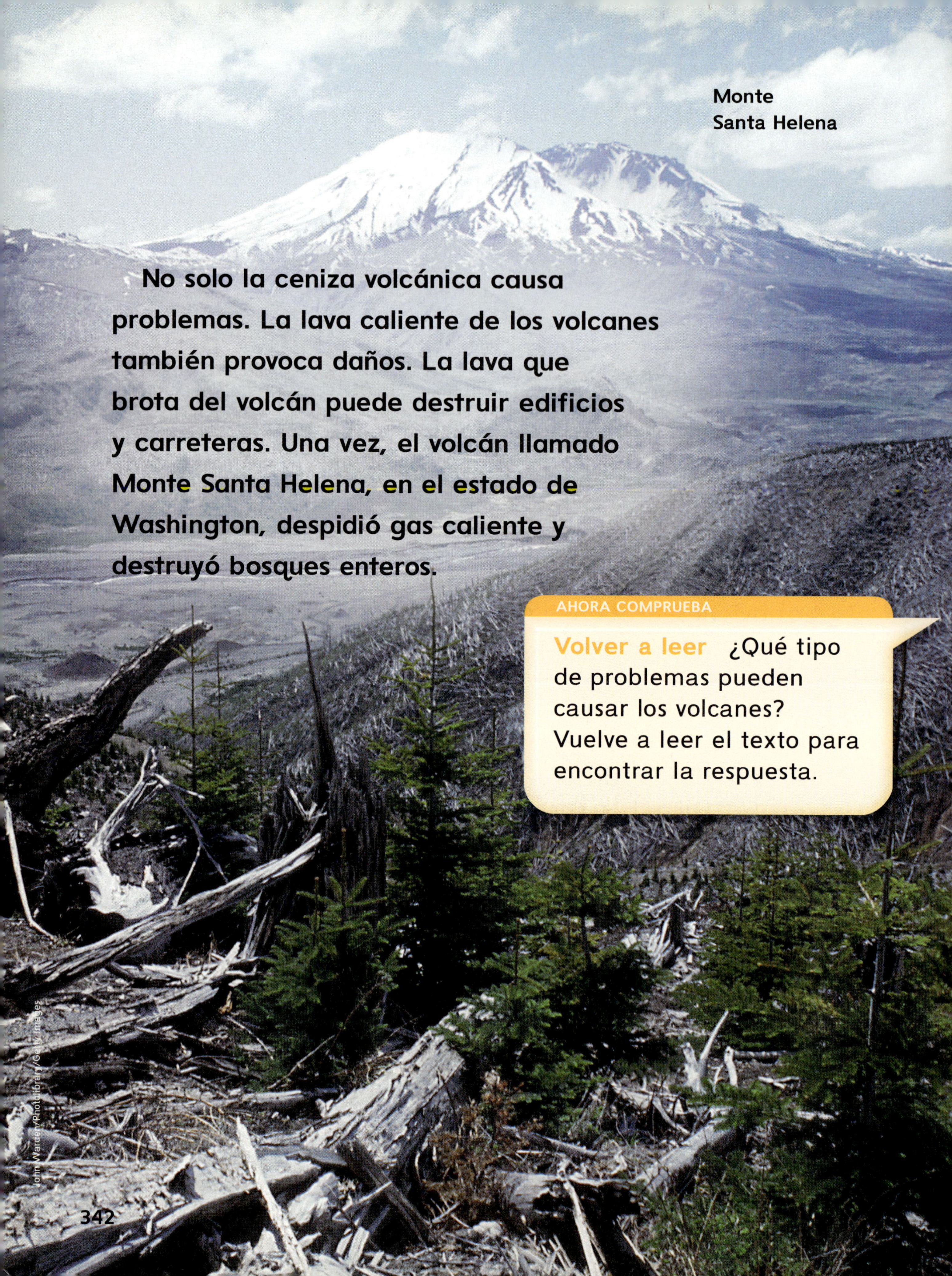

Monte Santa Helena

No solo la ceniza volcánica causa problemas. La lava caliente de los volcanes también provoca daños. La lava que brota del volcán puede destruir edificios y carreteras. Una vez, el volcán llamado Monte Santa Helena, en el estado de Washington, despidió gas caliente y destruyó bosques enteros.

AHORA COMPRUEBA

Volver a leer ¿Qué tipo de problemas pueden causar los volcanes? Vuelve a leer el texto para encontrar la respuesta.

Aquí, un granjero está barriendo las cenizas del techo.

No todas las consecuencias de las erupciones volcánicas son negativas. Los volcanes forman montañas e islas nuevas. En Islandia, los investigadores descubrieron que los trocitos de ceniza volcánica estaban cubiertos con minerales que las plantas necesitan para crecer. Luego de la erupción, el productor de leche tuvo que trabajar mucho para limpiar las cenizas de los techos. Pero, en el campo, el pasto creció rápidamente y tenía un saludable color verde. Pronto, hubo mucha comida fresca para sus vacas.

La ceniza crea un lugar saludable para que crezcan las plantas.

Conozcamos a la autora

Sandra Markle escribe libros, crea programas de televisión y desarrolla aplicaciones en línea sobre temas relacionados con las ciencias. Vivió aventuras emocionantes mientras realizaba sus investigaciones. Observó los volcanes activos de Hawái, Nueva Zelanda y la Antártida. "¡Son una prueba impresionante de que la Tierra es un lugar en constante cambio!", dice Sandra.

Propósito de la autora

Sandra empieza esta selección hablando de un productor de leche. ¿Cómo te ayudó su historia a entender qué ocurre cuando un volcán entra en erupción?

Respuesta al texto

Resumir

Resume el texto. Piensa en los detalles importantes. La información de tu tabla de causa y efecto puede ayudarte.

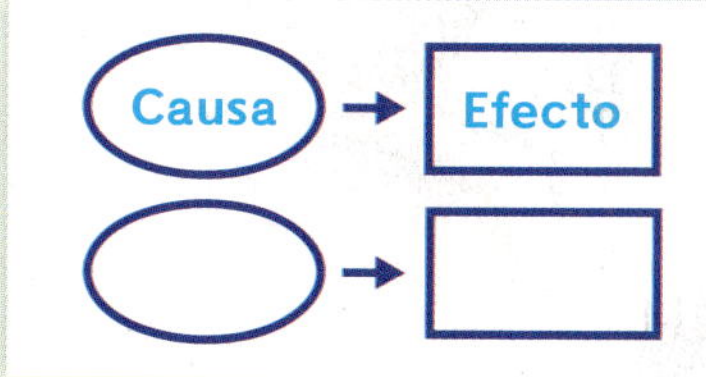

Escribir

¿Cómo te ayuda la autora a comprender la fuerza de la erupción de un volcán? Completa estas oraciones para ayudarte a contestar la pregunta:

La autora compara...

También incluye...

Hacer conexiones

¿Cómo cambian la Tierra los volcanes?
PREGUNTA ESENCIAL

¿Qué te enseñaron las fotos acerca de los volcanes?
EL TEXTO Y EL MUNDO

Género • Texto expositivo

Compara los textos

Lee sobre rescates en incendios.

Al rescate

Los incendios forestales son grandes incendios que ocurren en los bosques. Una **propiedad** es que avanzan rápidamente y es muy difícil detenerlos. A veces se producen por relámpagos o ***sequías***. También se extienden cuando soplan vientos secos y calientes.

Los incendios forestales producen muchos cambios en la **Tierra**. Algunos se ven de inmediato: se queman árboles y todo tipo de plantas. Hay otros que se notan un tiempo después: algunas plantas vuelven a crecer.

Rescate de personas

Cuando hay un incendio forestal cerca, no es seguro para las personas quedarse en sus hogares. Los bomberos les informan acerca del incendio.

Si el fuego se aproxima mucho, los bomberos avisan a las personas que deben abandonar sus casas. Un incendio puede llegar a impedir el paso de los autos. Entonces, los bomberos usan un helicóptero para el rescate.

Rescate de animales

La mayoría de los animales sabe cómo escapar del incendio: corre, vuela o se mete bajo tierra. Aquellos que son demasiado jóvenes o están heridos no pueden escapar. Los rescatistas los ayudan. Los llevan a ***refugios*** donde curan animales dañados por el fuego o el humo. Trabajan en conjunto para ayudar a otras personas y a los animales a resguardarse del fuego.

Un rescatista llamado David Tree salvó a este koala llamado Sam.

Haz conexiones

¿Cómo cambia la Tierra luego de un incendio forestal? PREGUNTA ESENCIAL

Compara los cambios que ocasionan los incendios y los que producen los volcanes en la Tierra. EL TEXTO Y OTROS TEXTOS

Género • Poesía

¿? Pregunta esencial

¿Qué nos gusta de la naturaleza?

Lee estos poemas que expresan lo que nos gusta del sol y de la lluvia.

¡Conéctate!

Viva el sol de la mañana

¡Viva el sol de la mañana!
¡Viva el sol!, le grita el pájaro
en la rama.

Y el campesino canta:
¡Viva el sol!

Y el naranjito agobiado
de naranjas: ¡Viva el sol!

¡Y el tejado de la casa!
¡Viva el sol!

Y el caballo que lo siente,
tibia yerba, en la garganta:
¡Viva el sol!

Toda la tierra es un ¡Viva!
El mundo, todo, es una salva.

¡Viva el sol!

Rafael Alberti

Lluvia

En hilitos de agua
se desmadejan las nubes
y se hartan de tierra.

¡Fresco **verdor** de campos!

Juega la lluvia
chapoteando entre lodo.

La tierra huele.

Y los pájaros
dejan volar sus cantos.

Humberto Ak'abal

Poema "Lluvia"

Respuesta al texto

Resumir

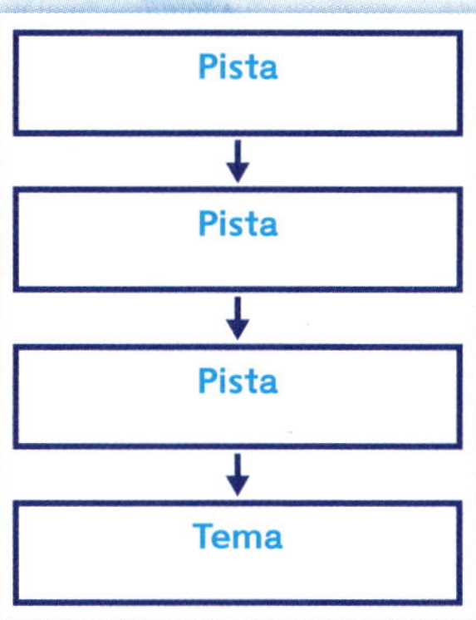

Busca detalles importantes de "Viva el sol de la mañana" para describir el tema del poema. Usa información de la tabla de tema como ayuda para ordenar tus ideas.

Escribir

¿Cómo seleccionan los poetas las palabras para decir qué les gusta de la naturaleza? Organiza las evidencias del texto con los siguientes marcos de oración:

En el primer poema, el poeta repite...

En el segundo poema, el poeta usa las palabras...

Hacer conexiones

¿Qué nos gusta del sol y de la lluvia? **PREGUNTA ESENCIAL**

Estos poemas describen cómo la naturaleza recibe la lluvia y el sol. ¿Cómo nos hacen sentir el sol y la lluvia? **EL TEXTO Y EL MUNDO**

Género • Poesía

Compara los textos

Lee estos poemas sobre la Luna y el viento.

Media luna

La luna va por el agua.
¡Cómo está el cielo tranquilo!
Va segando lentamente
el temblor viejo del río
mientras que una rana joven
la toma por espejito.

Federico García Lorca

Irene Singer

El viento

Cuando recorre los trigales,
el viento es como un carro
con ruedas invisibles.

A su paso,
las espigas se mecen
como olas amarillas.
Luego les susurran a los pájaros
que en el carro magnífico del viento
todo es música y frescura.

¡Amigos!
¡Ojalá que disfruten
de un paseo inolvidable!

Nicolás Arroyos

Haz conexiones

Estos poemas expresan lo que pasa **afuera**. ¿Qué es lo que te **gusta** de estar afuera? **PREGUNTA ESENCIAL**

En "El viento", el poeta dice que el viento es como un carro con ruedas invisibles. ¿Qué otro símil leíste esta semana? **EL TEXTO Y OTROS TEXTOS**

Género • Texto expositivo

La selva tropical

Nancy Smiler Levinson

Ilustraciones de Diane Dawson Hearn

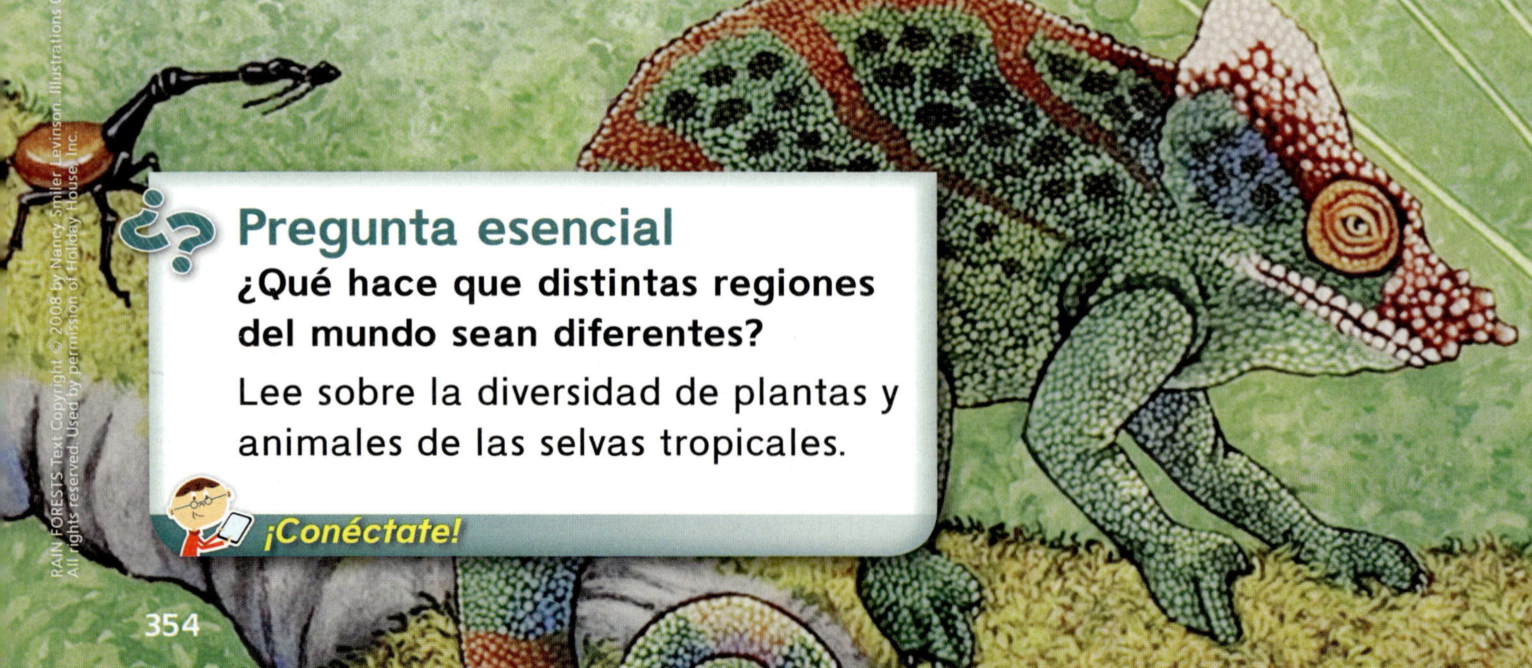

Pregunta esencial

¿Qué hace que distintas regiones del mundo sean diferentes?

Lee sobre la diversidad de plantas y animales de las selvas tropicales.

¡Conéctate!

La selva tropical es húmeda. También es espesa, con una amplia variedad de árboles y plantas. Muchos animales viven allí. Llueve la mayor parte del año.

La mayoría de estas selvas se concentra en **lugares** cálidos cerca del ecuador. Son las selvas tropicales. Otras se desarrollan en lugares frescos. Son las selvas **templadas**.

La selva tropical

Las selvas tropicales son cálidas y húmedas. ¿Qué cantidad de lluvia cae por año? ¡Entre 80 y 200 pulgadas! La temperatura es más o menos la misma todos los días. Todo el tiempo es verano.

Las selvas tropicales son junglas en donde crecen árboles, plantas y enredaderas. Allí viven miles de variedades de animales.

¡Un científico encontró cuarenta y tres tipos de insectos en un solo árbol! La selva tropical más grande del mundo está en la **región** del Amazonas en América del Sur.

Nivel emergente
arpías
lapacho
loros de cabeza azul

Las selvas tropicales tienen cuatro **niveles**. Cada nivel tiene sus propias formas de vida. El nivel superior es el emergente. Los árboles emergentes se asoman hacia el sol por encima de la selva, como rascacielos. Las águilas y los loros viven allí.

El segundo nivel se denomina *manto*. Es un techo viviente que cubre el bosque **espeso**. Está formado por las copas de los árboles que crecen muy cerca unos de otros.

Los monos se alimentan con bayas y otros frutos. Las mariposas y los colibríes beben el néctar de las flores. Las enormes avispas, que pican, **se desplazan** sobre las hojas. Este nivel es el más activo de todos.

Sotobosque
coco
hediondo
coatí
paují de copete
/ guaco
chacurú
rojizo / buco
pasionaria /
granadilla

El tercer nivel es el *sotobosque*. Recibe poca luz del sol, que apenas se filtra a través del manto. Allí crece una pequeña cantidad de flores. Los jaguares esperan en los árboles, bajan de un salto y atrapan a las presas.

hoatzin y
su cría
Suelo forestal
anaconda
verde
musgo
victoria regia
/ irupé

El cuarto nivel es el *suelo forestal.* Es oscuro y **escalofriante**. Allí hay plantas, musgo, helechos, hojas secas y millones de hormigas.
carpincho
helecho
terrestre
caimán
caracol
manzana

Una multitud de hormigas devastadoras (marabuntas) avanza y devora todo a su paso. Las termitas viven en colonias y se alimentan de madera. ¡Los ciervos y los cerdos salvajes se ocultan, pero los insectos andan por todas partes!

nido de
termita
tapir
árbol de
cacao
pecarí de
collar
ásaro /
asáraca
agutí
escarabajo
arlequín

Muchos animales viven en los árboles la mayor parte de sus vidas. Algunas ranas de árbol nunca tocan el suelo. Tienen patas pegajosas que les permiten trepar por las hojas. Los perezosos cuelgan cabeza abajo, incluso cuando comen y duermen.

AHORA COMPRUEBA

Volver a leer ¿Por qué algunas ranas nunca tocan el suelo? Vuelve a leer para comprobar si entendiste.

La mayoría de las plantas necesita que sus raíces estén en la tierra para obtener agua y alimento, pero las plantas aéreas, como la orquídea y la bromelia, no. Crecen en los troncos de los árboles y obtienen agua y alimento del aire. Se las llama *epífitas*.

La selva templada

La mayoría de las selvas templadas crece en la zona noroeste del océano Pacífico en América del Norte. ¿Qué cantidad de lluvia cae por año? ¡100 pulgadas aproximadamente! El clima varía según las **estaciones**.

La niebla y la neblina del Pacífico determinan veranos cálidos e inviernos templados. Las selvas templadas, como las tropicales, también tienen niveles, pero se ven distintas. Los rayos del sol llegan al suelo forestal. Algunos árboles son gigantes.

AHORA COMPRUEBA

Hacer y responder preguntas
¿En qué se diferencia la selva templada de la selva tropical? Vuelve a leer para hallar la respuesta.

El Bosque Nacional Tongass, en Alaska, es la selva templada más grande de Estados Unidos. Hay otras selvas al oeste de la península Olímpica, en el estado de Washington. La mayoría de los animales, como ardillas, alces y puercoespines, viven sobre el suelo forestal. En las selvas de la península Olímpica también crecen muchas plantas.

Conozcamos a la autora y a la ilustradora

Nancy Smiler Levinson

Su interés por escribir libros infantiles surgió al leer para sus propios hijos. A Nancy le gusta investigar y escribir sobre situaciones reales porque le permiten compartir sus intereses. También se dedica a la ficción. En ocasiones, la gente le pregunta qué género disfruta más. Nancy suele responder: "¡Ambos!".

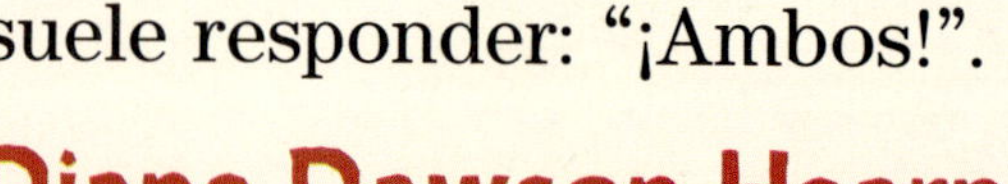

Diane Dawson Hearn

Ha ilustrado más de cincuenta libros. Diane dibuja desde divertidos personajes de historietas, hasta hermosas figuras de plantas y animales reales. Dedicó dos años a las ilustraciones de *La selva tropical*.

Propósito de la autora

¿Cómo usa Nancy los diagramas e ilustraciones para ayudar a entender los niveles de las selvas tropicales?

Illustration: Diane Dawson Hearn, (t) Daniel Levinson, (b) Walter Hearn

Respuesta al texto

Resumir

Piensa en los detalles importantes de *La selva tropical* para resumir la selección. Usa un diagrama como ayuda para ordenar tus ideas.

Escribir

¿Cómo organiza la autora la información para ayudarte a comprender el texto? Usa estos marcos de oración:

La autora analiza los niveles de la selva...
La autora describe los animales y las plantas...

Hacer conexiones

¿Por qué las selvas tropicales son especiales? **PREGUNTA ESENCIAL**

Habla sobre una planta o un animal que viva en las selvas tropicales. **EL TEXTO Y EL MUNDO**

Compara los textos

Lee sobre una región especial en África.

Sabanas africanas

Plantas y animales

Una sabana es una **región** especial en África. En esta parte de África, el pasto alcanza gran altura. En la sabana no hay grupos de árboles como en el bosque. Pero hay una gran cantidad de árboles solitarios dispersos por las praderas. Crece la acacia, que tiene espinas enormes. Las hojas de este árbol son el alimento favorito de las jirafas. También crece el baobab, uno de los árboles más antiguos del mundo. ¡Alcanza el ancho de una casa! Un solo baobab alberga lagartijas, serpientes, ranas y pájaros durante todas sus vidas.

Una manada de cebras deambula por la sabana, cerca de un baobab.

En la sabana vive una amplia variedad de animales. Es el hogar de las cebras, las suricatas y los leones.

Hay más especies animales con pezuñas en la sabana africana que en cualquier otro lugar del mundo. Jirafas, elefantes, antílopes, búfalos y rinocerontes son algunos ejemplos.

Las estaciones

Piensa en el **lugar** donde vives. ¿Cómo es el clima en cada estación? La sabana africana tiene una estación húmeda y una seca. En la estación húmeda, llueve durante horas todos los días. Las lluvias se prolongan varios meses. Luego, pasan hasta cinco meses sin llover.

La sabana africana está cerca del Ecuador, la línea imaginaria que tiene la Tierra en las zonas más lejanas a los polos. Por eso, es un lugar cálido durante todo el año. Es un lugar especial, donde habitan plantas y animales interesantes.

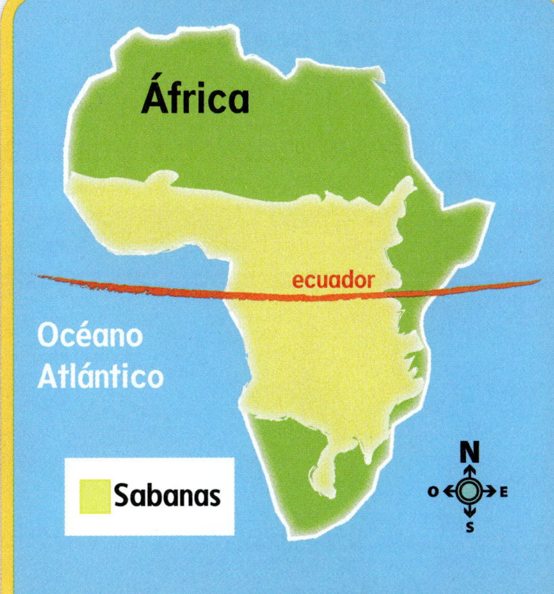

Las sabanas cubren más de dos quintos de África.

Haz conexiones

¿Qué hace que la sabana africana sea diferente? PREGUNTA ESENCIAL

¿En qué se diferencia la sabana africana de otra región sobre la que hayas leído? EL TEXTO Y OTROS TEXTOS

Género • Drama

Pregunta esencial

¿Cómo podemos disfrutar la naturaleza?

Lee acerca de la carrera entre un saltamontes y un caracol.

¡Conéctate!

EL SALTAMONTES Y EL CARACOL

Alexis Romay

Ilustraciones de Cristian Cánepa

Este drama, escrito en verso, está inspirado en una fábula de Esopo, un esclavo de la antigüedad griega. Los personajes son animales que hablan en versos de ocho sílabas. La rima de los versos es consonante. Las indicaciones de cómo **representar** la **escena** han sido escritas en prosa. ¡Arriba el telón!

Escenografía

Aunque este drama se desarrolla en medio de la **espesura**, el bosque está atravesado por una **alameda**, que es donde van a competir los protagonistas.

Personajes

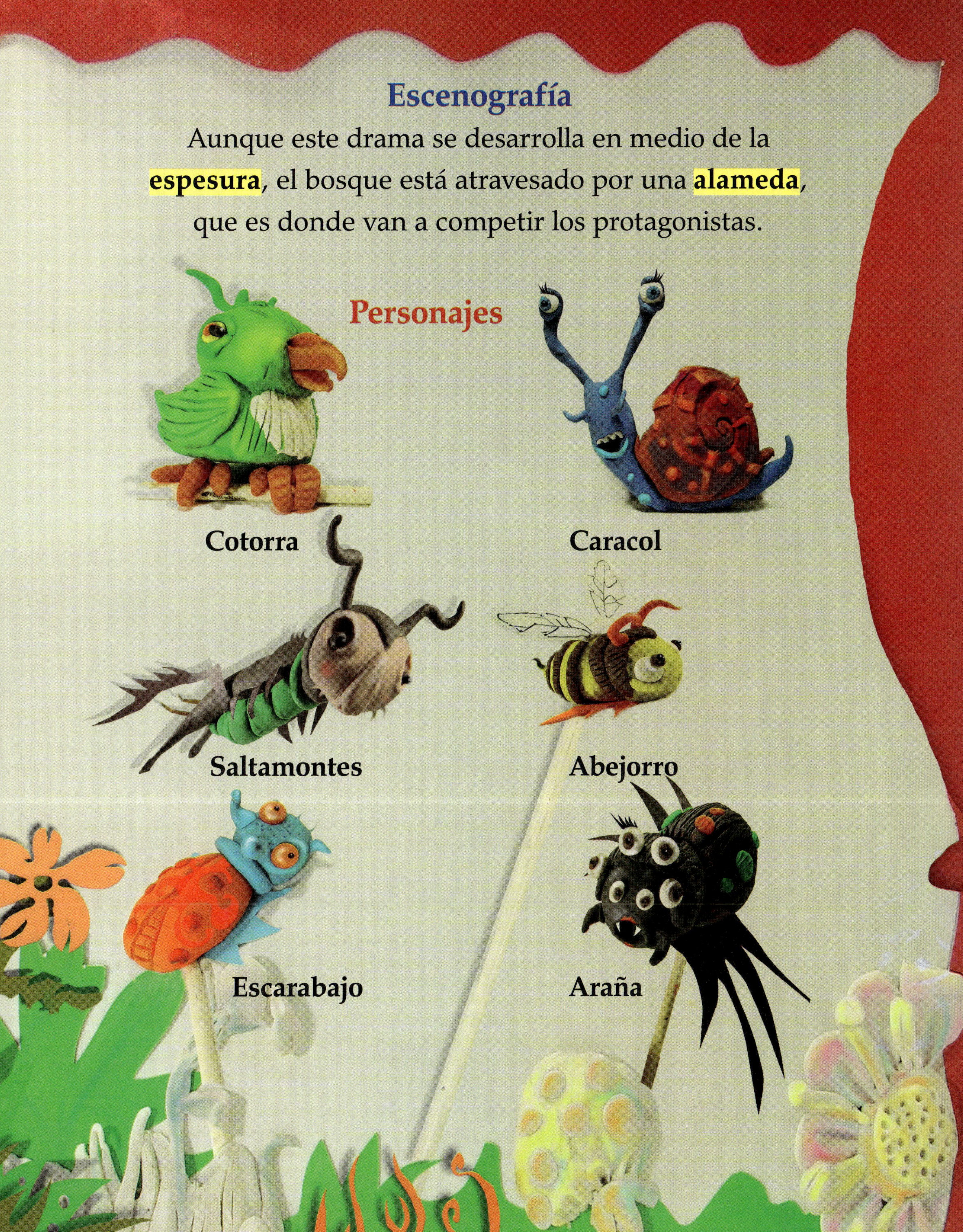

Cotorra

Caracol

Saltamontes

Abejorro

Escarabajo

Araña

Cotorra *Hace gárgaras, se aclara la voz, mira al público y comienza a hablar.*

Les voy a contar un cuento
de algo que aquí aconteció:
el saltamontes retó
al caracol, que es tan lento,
a ser veloz como el viento
y vencerlo en la carrera
desde el bosque a la pradera.
Sin reconocer el susto,
aceptó con mucho gusto
el caracol de la espera.

Saltamontes *Se pasea por el escenario con una sonrisa, pues ya sabe que va a ganar la competencia.*

Yo soy más veloz que el rayo,
soy una estrella fugaz.
El caracol no es capaz
de vencerme. ¡Ni un caballo!
Saltaré de tallo en **tallo**.
Brincaré de rama en rama,
contemplando el panorama.
Y cuando llegue a la meta,
me celebrará un poeta.
Así alcanzaré la fama.

AHORA COMPRUEBA

Visualizar ¿Cómo será el recorrido del saltamontes? Aplica la estrategia de visualizar para ayudarte.

Caracol *Moviéndose lentamente rumbo a la línea final, habla sin detenerse.*

Mi carrera es paso a paso.
Me deslizo despacito.
Voy por este caminito,
y sé que voy con atraso.
Pero sigo, por si acaso.
La carrera no es reñida,
mas no la doy por vencida.
Pues triunfa quien persevera.
La vida es una carrera
que dura toda la vida.

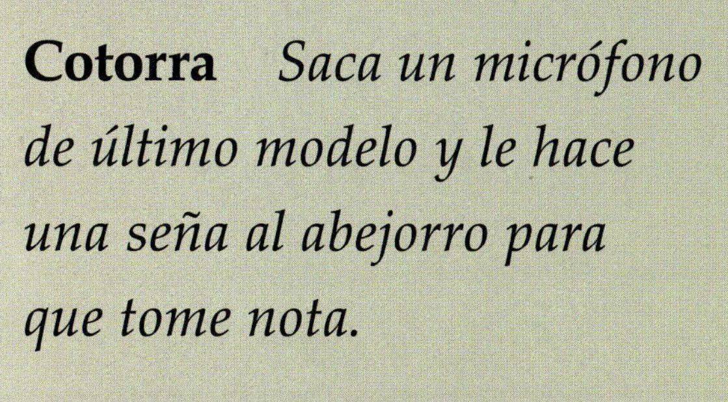

Cotorra *Saca un micrófono de último modelo y le hace una seña al abejorro para que tome nota.*

Ya vemos al saltamontes,
que se sabe ganador,
disfrutando del verdor
de la maleza y los montes.
Piensa en otros horizontes,
y hasta da por terminada
esta carrera empezada
cuando despuntaba el sol.
Se burla del caracol
con el gesto y la mirada.

Saltamontes *Para celebrar*
su victoria por anticipado,
saca una flauta y se pone
a tocar música para
la araña, el escarabajo
y unos animales que pasaban
por ahí; luego, señala al caracol.

¿Sabes por qué estoy sonriendo?
¡Me da risa tu optimismo!
Tiene un toque de lirismo.
¿Por qué es que estás compitiendo?
¿No ves que sigues perdiendo?
Si vas a pie, voy en coche.
Soy de la gracia un derroche.
Voy repartiendo armonía.
Soy tan veloz como el día;
tú eres lento cual la noche.

Araña *Nota que mientras el saltamontes ha estado jactándose de su velocidad, el caracol se ha ido acercando cada vez más a la meta.*

Oh, Saltamontes, tú que eres
un prodigio musical,
gloria del reino animal,
el más veloz de los seres,
tú que alcanzas lo que quieres,
me ha dicho el escarabajo
que el caracol, con trabajo,
ha logrado adelantarte.
¿Sabrás cómo disculparte?
¿Terminarás cabizbajo?

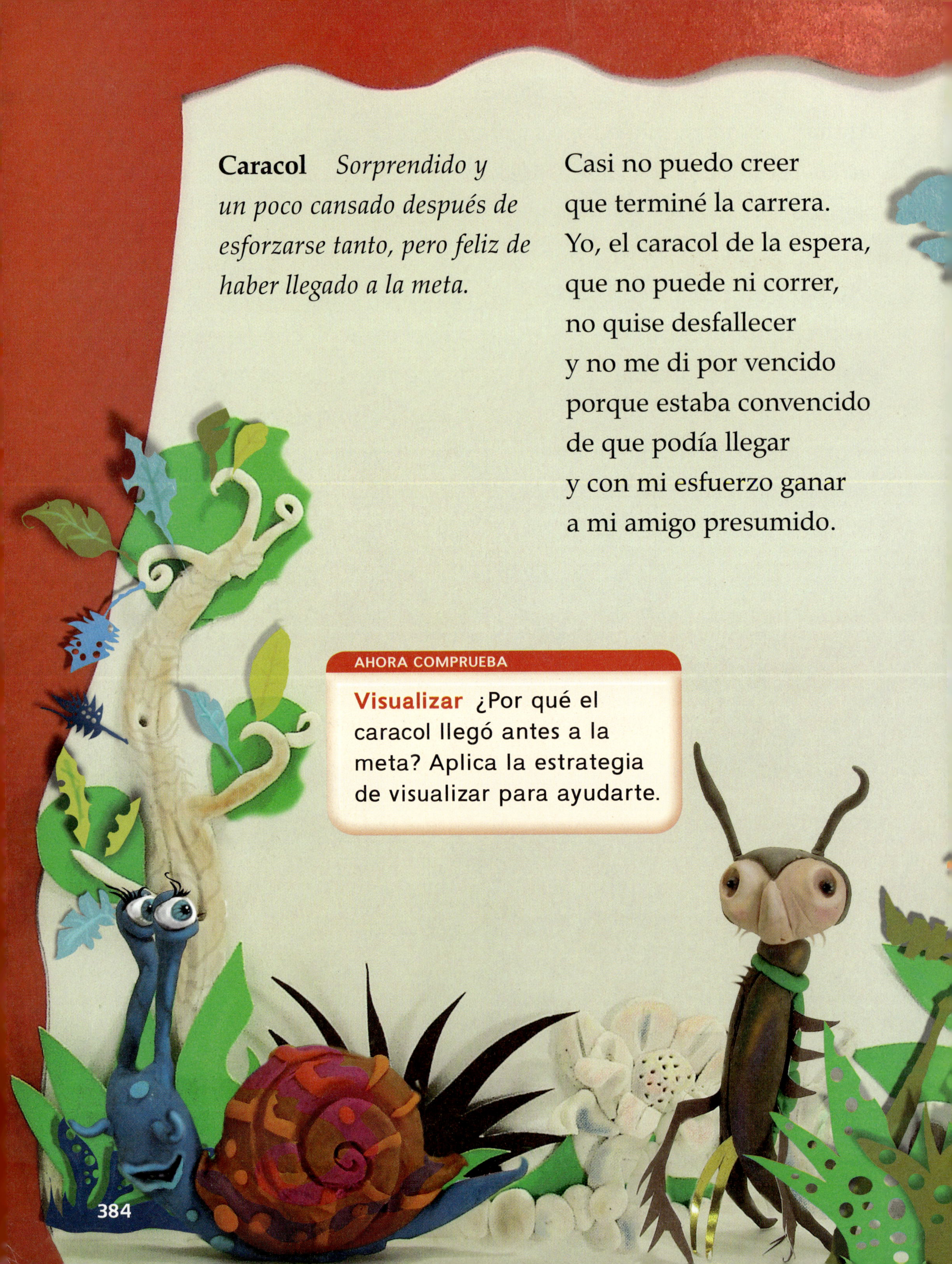

Caracol *Sorprendido y un poco cansado después de esforzarse tanto, pero feliz de haber llegado a la meta.*

Casi no puedo creer
que terminé la carrera.
Yo, el caracol de la espera,
que no puede ni correr,
no quise desfallecer
y no me di por vencido
porque estaba convencido
de que podía llegar
y con mi esfuerzo ganar
a mi amigo presumido.

AHORA COMPRUEBA

Visualizar ¿Por qué el caracol llegó antes a la meta? Aplica la estrategia de visualizar para ayudarte.

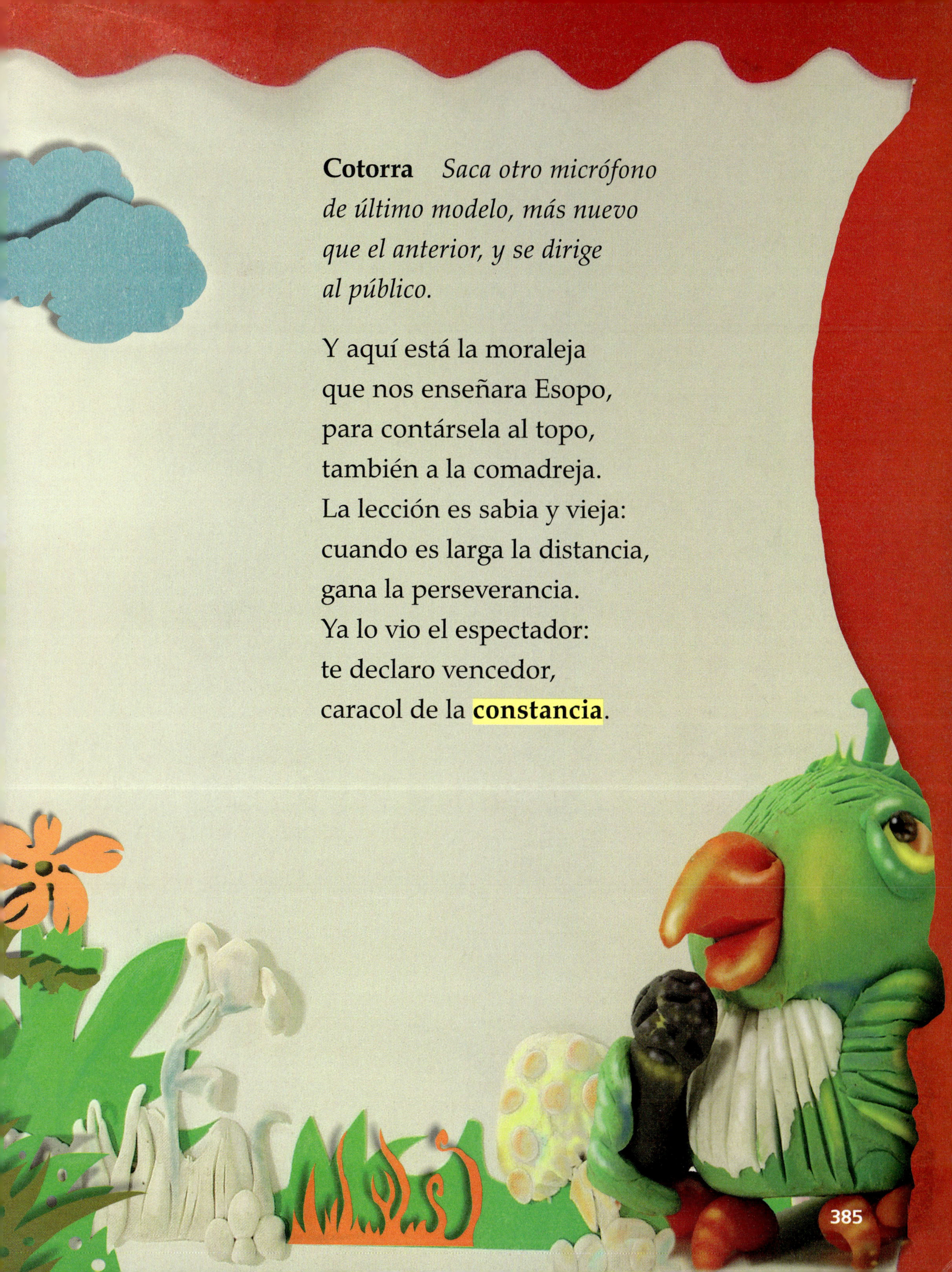

Cotorra *Saca otro micrófono de último modelo, más nuevo que el anterior, y se dirige al público.*

Y aquí está la moraleja
que nos enseñara Esopo,
para contársela al topo,
también a la comadreja.
La lección es sabia y vieja:
cuando es larga la distancia,
gana la perseverancia.
Ya lo vio el espectador:
te declaro vencedor,
caracol de la **constancia**.

¡ARRIBA EL TELÓN!

ALEXIS ROMAY nació y creció en Cuba. Escribe novelas, cuentos, poemas y letras de canciones. Toca varios instrumentos y le gusta el fútbol. Vive en Nueva Jersey, con su esposa, su hijo, sus perros y varios libros. Su palabra predilecta es **libertad**.

CRISTIAN CÁNEPA nació en Argentina, es ilustrador y artista plástico, y ningún insecto escapa a su lápiz. Su secreto es dibujar cada día.

PROPÓSITO DEL AUTOR

¿Por qué crees que Alexis eligió un drama para contar esta fábula?

Respuesta al texto

Resumir

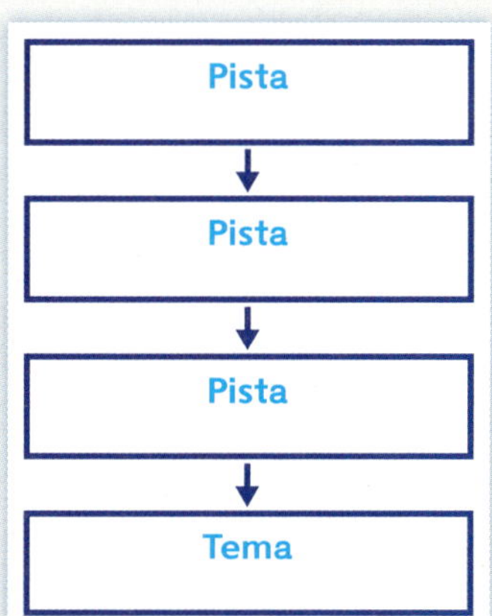

Usa las pistas para resumir *El saltamontes y el caracol*. Usa la tabla de tema como ayuda

Escribir

¿De qué manera muestra el autor que aun estando en medio de una naturaleza que invita a disfrutar, hay valores que se deben conservar?

Caracol sabe que...
En cambio, Saltamontes decide...

Hacer conexiones

¿Qué aprendiste en este drama sobre cómo podemos disfrutar de la naturaleza? **PREGUNTA ESENCIAL**

¿Qué aprendiste sobre competir y la constancia? **EL TEXTO Y EL MUNDO**

Género • Cuento folclórico

Compara los textos

Lee este cuento folclórico de Ecuador acerca de un niño cazador.

El pequeño Etsa

Adaptación de una leyenda shuar

Etsa sabía que no tenía ninguna **semejanza** con su padre. Es que su padre lo enviaba todos los días a cazar aves. Etsa sufría cazándolas.

Un día, Etsa no escuchó ni trinos ni aleteos en la selva. ¿Dónde estaban las aves?

Entonces apareció una paloma.

—Hola, Etsa, yo soy Yápankam —dijo la paloma temerosa—. Soy la última paloma aquí. ¿Me cazarás a mí también?

—Mi padre no se conforma con una sola ave —dijo tristemente Etsa.

—Oye, Etsa —dijo la paloma—. Tú puedes devolver la vida a las aves.

—¿Puedo devolverles la vida? ¿Cómo? —preguntó Etsa confundido.

—Recoge todas las plumas que encuentres, regresa a la selva y arrójalas con tu cerbatana. Si tu deseo es devolverles la vida, la naturaleza lo cumplirá.

Gracias a la **sabiduría** de la paloma, el pequeño Etsa recogió las plumas y la naturaleza devolvió la vida a las aves.

Etsa se quedó en la selva junto a las aves y nunca más salió a cazar.

¿? Haz conexiones

¿Cómo disfruta Etsa de la naturaleza? **PREGUNTA ESENCIAL**

Compara las distintas formas en que se disfruta de la naturaleza en las dos selecciones de esta semana.

EL TEXTO Y OTROS TEXTOS

Pregunta esencial

¿Quiénes nos inspiran?

Lee acerca de una niña que alcanzó sus sueños.

¡Conéctate!

Me llamo
Celia
Mónica Brown
Ilustraciones de Rafael López

¡AZÚCAR! Mi voz es **intensa**, suave y dulce. Te dará ganas de bailar. Cierra los ojos y escucha.

Mi voz se siente como unos pies que resbalan en la arena mojada, como correr bajo una cascada, como bajar por una loma. Mi voz trepa y se mece y sube y baja al ritmo de las tumbadoras y el sonido de las trompetas.

¡Bum bum bum! resuenan las tumbadoras. Las manos aplauden y las caderas se menean.

Yo soy la Reina de la Salsa y te invito a bailar conmigo.

1925	1948	1960	1961	2000	2003
Nace en La Habana.	Graba su primer disco.	Se va de Cuba.	Se muda a Nueva York.	Le otorgan el premio Grammy.	Muere en Nueva Jersey.

Abre los ojos.

Mis vestidos son tan coloridos como mi música, llenos de encajes, cuentas, lentejuelas y plumas. Centellean y se sacuden mientras muevo con gracia los brazos y las piernas al ritmo del trópico y de mi corazón.

En mi mente llevo el lugar de donde soy y los lugares donde he estado. Cuando canto, los **recuerdos** de mi infancia se mezclan con mis canciones.

Nací en Cuba, una isla del Caribe. Mi Cuba era La Habana.

En mi casa teníamos una cocina acogedora, llena de las voces de mujeres y hombres: abuelos, hermanos, primos y amigos. Comíamos arroz, frijoles y plátanos y nos llenábamos la barriga con amor y café con leche bien caliente y mucha, pero mucha azúcar.

Por la noche, ayudaba a mi madre a acostar a mis hermanos chiquitos cantándoles canciones de cuna bien bajito.

Mi padre trabajaba muy duro en los trenes, pero se sentía feliz cuando volvía a la casa cada día para estar con nosotros. Se sentaba en el traspatio y cantábamos todos juntos. Nos dio el regalo de su música y llenó de esperanza nuestros corazones. A veces, cuando yo cantaba con mi padre, los vecinos oían mi voz y se acercaban a escuchar mis melodías. Éramos pobres, pero la música no costaba nada y nos alegraba.

Mi papá quería que yo fuera maestra, que tuviera un buen trabajo. En la escuela aprendí mucho y maduré. **Estudié** historia y arte, matemáticas y ciencias, y hasta música.

Me fue bien en la escuela, ¡y me encantaba cantar! Cuando cantaba, mi cuerpo se llenaba de los ritmos africanos mezclados con el idioma español de mi patria.

Un día, una de mis maestras preferidas me agarró la mano y me dijo: "Sal al mundo a cantar, mi niña... ¡Te harás famosa! ¡Tu voz es un regalo del cielo y sonará muy dulce en los oídos de la gente!".

Mi prima Nenita y yo hacíamos viajes largos en ómnibus para que yo cantara en concursos. Aunque algunos no me dejaban cantar en sus concursos por el color de mi piel, no me di por **vencida**. Me prometí que seguiría cantando y estudiando pasara lo que pasara.

AHORA COMPRUEBA

Resumir Haz un resumen de la infancia de Celia hasta este momento del cuento.

Todavía era joven cuando triunfó la Revolución. Como hizo mucha gente, me fui para siempre de mi Cuba. Primero fui a México. Después viajé a los Estados Unidos con mi esposo, el trompetista Pedro Knight, y nuestro grupo, la Sonora Matancera.

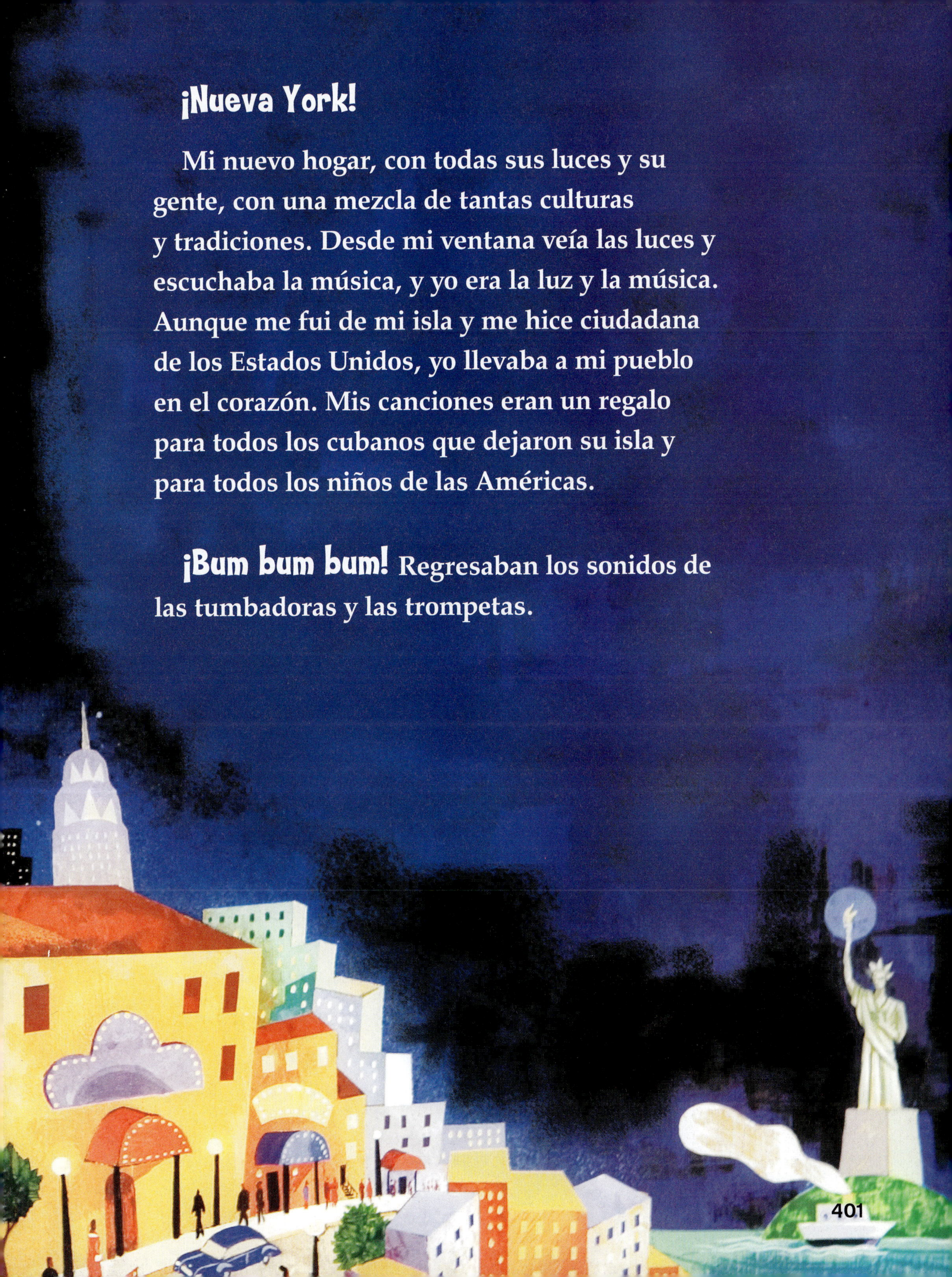

¡Nueva York!

Mi nuevo hogar, con todas sus luces y su gente, con una mezcla de tantas culturas y tradiciones. Desde mi ventana veía las luces y escuchaba la música, y yo era la luz y la música. Aunque me fui de mi isla y me hice ciudadana de los Estados Unidos, yo llevaba a mi pueblo en el corazón. Mis canciones eran un regalo para todos los cubanos que dejaron su isla y para todos los niños de las Américas.

¡Bum bum bum! Regresaban los sonidos de las tumbadoras y las trompetas.

¡Miami! Mi segundo hogar.

Un día, en un restaurante, un camarero joven me preguntó si quería azúcar con el café. **¿AZÚCAR?**, exclamé. ¿Cómo se le ocurre preguntar eso? Yo soy cubana. Claro que sí, ¡con **AZÚCAR!** Y cuando tomé un poquito del café dulce recordé la cocina de mi madre con mi familia y mis amigos.

Desde ese momento, cuando entraba al escenario simplemente decía: **¡AZÚCAR!** Y ellos sabían exactamente lo que yo quería decir: hogar, amor y muchos besos.

El público aplaudía y me daba la bienvenida.

Yo canté con mis amigos Tito, Johnny y Willie, y a la gente le encantaba nuestra música. Juntos trajimos una nueva música a América, la salsa, una música que mezclaba el rock con la rumba, el mambo con el jazz.

A la gente le encantaba bailar y girar con nuestra música. ¡Meneaban las caderas mientras se reían y bailaban!

AHORA COMPRUEBA

Resumir Piensa en qué pasó desde que Celia se va de Cuba. ¿A dónde va? ¿Qué hace? Resúmelo con tus propias palabras.

Me rindieron **honores** maestros y presidentes, y todo porque mis canciones eran como las olas del mar golpeándome el cielo de la boca, como las calles de La Habana, como la cocina de mi madre, como una barriguita llena de frijoles, plátanos y arroz, como una taza de café caliente con azúcar. Me nombraron la Reina de la Salsa, y llevé esa corona con orgullo.

Crucé fronteras y rompí **barreras** porque fui fuerte y nunca más nadie consiguió que dejara de cantar. Mis discos llegaron a ser "discos de oro" y "discos de plata", y se les puso mi nombre a calles y estrellas.

¡Bum bum bum! resuenan las tumbadoras. Las manos aplauden y las caderas se menean. Cuando cantamos juntos, nuestras palabras son como sonrisas volando por el cielo. Amigos, vengan ahora a bailar conmigo al ritmo de los tambores y al sonido de las trompetas y los trópicos.

Aunque yo ya no esté, mi música seguirá viviendo.

Palabras que cantan y bailan

Mónica Brown descubrió que la música de Celia Cruz emociona a la gente porque Celia cantaba y se movía con mucha alegría. La emocionante historia de la cantante cubana inspiró a Mónica a escribir *Me llamo Celia*, su primer libro para niños.

Rafael López creció en la Ciudad de México y estudió ilustración en California. Su trabajo se distingue por sus colores vivos. A Rafael le gusta crear arte para lugares públicos. Hay murales suyos en varias ciudades de Estados Unidos.

Propósito de la autora

Mónica Brown quiso contar a sus lectores la vida de Celia Cruz. ¿Por qué crees que decidió escribir esta biografía?

(t) Patricia Zline; (b) Patricia Zline

Respuesta al texto

Resumir

Piensa en los detalles importantes y haz un resumen del texto. La información de tu tabla de secuencia puede ayudarte.

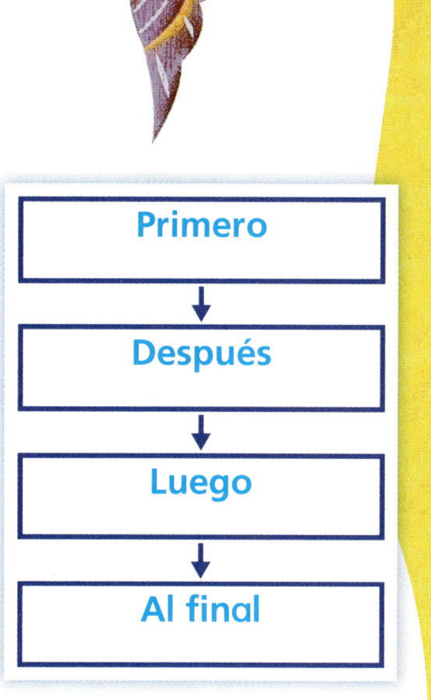

Escribir

¿Cómo muestra la autora en esta biografía que Celia Cruz es una persona que inspira? Completa estas oraciones para ayudarte a contestar:

La autora cuenta que...
La autora muestra que Celia Cruz...

Hacer conexiones

¿Qué es lo que más te inspira de la vida de Celia Cruz? **PREGUNTA ESENCIAL**

Celia Cruz es una persona que nos inspira. ¿Cómo nos inspiran otras personas? **EL TEXTO Y EL MUNDO**

Género • Cuento de hadas

Compara los textos

Lee acerca de un chico que enseña una valiosa lección a sus hermanos.

El ganso de oro

Había una vez tres hermanos que vivían junto a un gran bosque. El hermano mayor y el del medio eran leñadores. Todas las mañanas iban al bosque con sus hachas y una bolsa con el almuerzo. A la tarde volvían a casa cargando leña, cansados por el duro trabajo. Como el hermano menor no era muy fuerte, se quedaba cuidando la huerta y las vacas.

Una mañana, el hermano mayor se topó con una anciana en el bosque.

—¡Por favor, dame un poco de pan! —le suplicó la anciana.

—No —respondió él—. Solo tengo lo justo para mí.

El leñador siguió caminando y encontró un árbol enorme. Dio un fuerte golpe con su hacha en el tronco... y nada pasó. Ni un rasguño se veía en la corteza. Dio otro hachazo, y otro más, pero tuvo que darse por vencido. Esa noche al volver a su casa, el hermano mayor contó lo que había sucedido. Los hermanos **acordaron** que el hermano del medio probara suerte con ese extraño árbol. Al día siguiente, mientras se dirigía al árbol, el hermano del medio se topó con la anciana.

—¡Por favor, dame un poco de agua! —le suplicó la anciana.

—No —respondió él—. Solo tengo lo justo para mí.

Pero el hermano del medio tuvo la misma suerte que su hermano mayor. Era como si una barrera invisible protegiera el árbol, y no pudo cortarlo. Esa noche, el hermano menor pidió que le dejaran probar suerte con ese árbol que parecía encantado.

A la mañana siguiente, partió al bosque con el hacha y con su almuerzo. Mientras caminaba hacia el árbol, se topó con la anciana.

—¡Por favor, dame algo de comer! —le suplicó la anciana.

—¡Claro! —respondió el hermano menor—. Compartiré mi comida contigo. Toma también un poco de agua.

Pero cuando le alcanzó los alimentos, un brillante resplandor envolvió a la anciana, que de pronto se transformó en una hermosa hada.

—Has sido generoso conmigo, y yo seré generosa contigo —dijo el hada—. Corta ese árbol que tus hermanos no han podido tumbar y lo que encuentres ahí será tuyo.

El hermano menor tomó su hacha y partió el árbol de un solo golpe. Dentro del tronco hueco había un reluciente ganso de oro.

El muchacho volvió a casa feliz con el ganso bajo el brazo. Sus hermanos lo recibieron como a un **héroe**. Entonces comprendieron que el hada había encantado el árbol y que su hermano menor había sido recompensado por ser generoso. Y tan generoso era que compartió su premio con sus hermanos, que ya nunca más tuvieron que trabajar como leñadores.

Haz conexiones

¿En qué sentido el hermano menor es un ejemplo? **PREGUNTA ESENCIAL**

¿Cómo te inspiran los protagonistas de las lecturas de esta semana? **EL TEXTO Y OTROS TEXTOS**

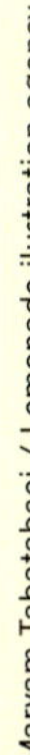

Género • Ficción realista

Acuarelas

Vivian Mansour

Ilustraciones de Luis Fernández

Pregunta esencial

¿Qué hacen los buenos ciudadanos?

Lee acerca de una niña que decide ayudar a su comunidad.

¡Conéctate!

Soy muy buena dibujando acuarelas: hay que mojar la hoja y trabajar muy rápido antes de que se seque el papel. Después, al **combinar** en el pincel el rojo y luego el azul... ¡oh, sorpresa! de esos colores tan distintos surge, como un milagro, el color morado.

Yo siempre he sentido que los países tienen color. Senegal, que es de donde viene mi papá, es rojo. Y México, de donde es la familia de mi mamá, es azul.

Y yo me siento como la combinación de esos dos colores. ¡Yo soy morada!

Ahora puedo decir con orgullo que soy la mezcla de esos dos países y de uno más: Estados Unidos. Pero no siempre fue así. Yo no entendía ni siquiera mi propio nombre: "Wädi Lô Muñoz" lleno de extraños signos. En inglés no hay marcas encima de las letras, entonces, ¿qué significaban aquellos ojitos arriba de la "a"? El apellido de papá que yo heredé era "Lô", con un techito rarísimo arriba de la "o". Por último, había una extraña ceja que acompañaba la "n" cuando escribía mi segundo apellido: "Muñoz". Era como una "ene" enojada.

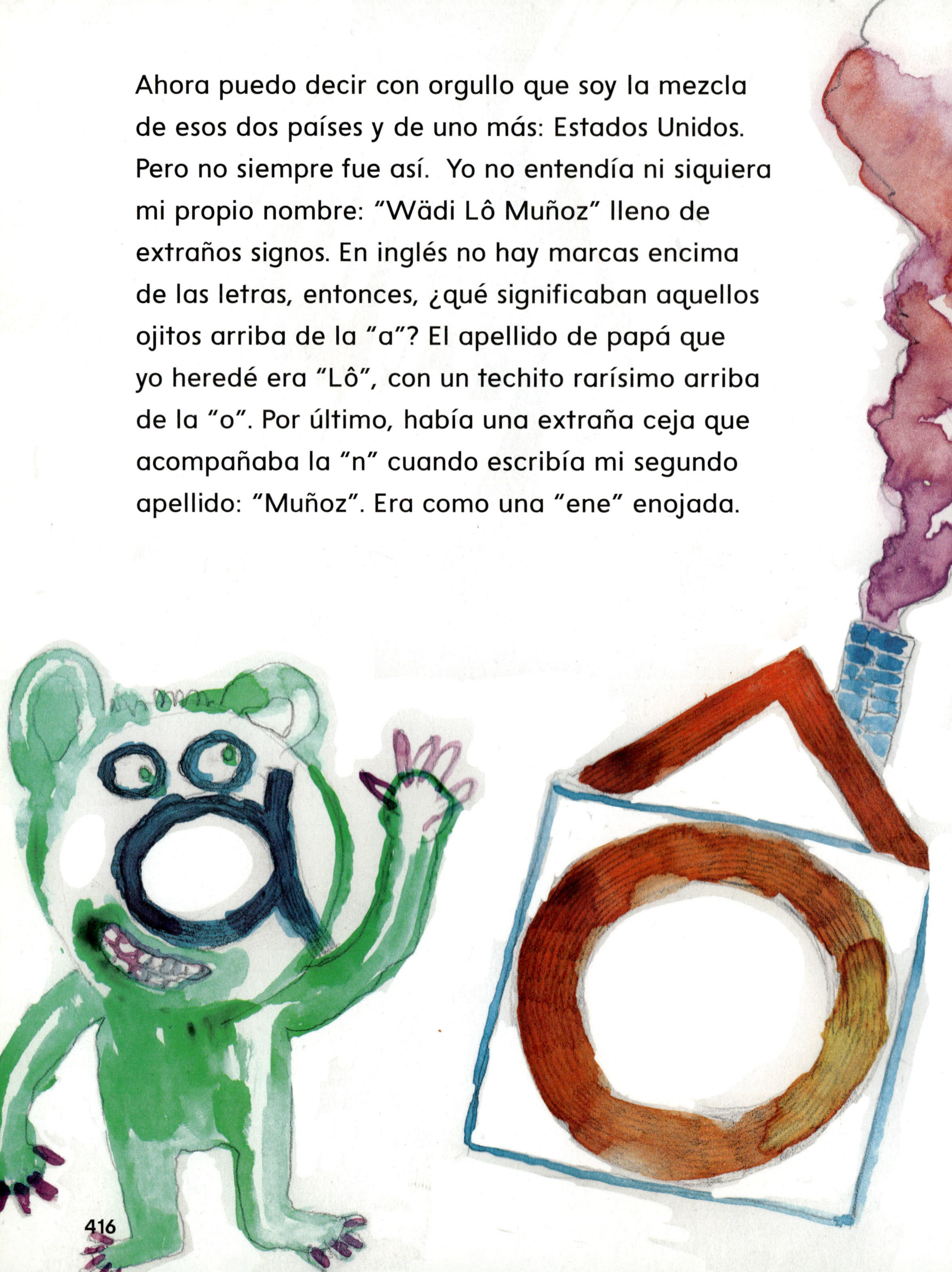

No tuve la oportunidad de aprender wólof, el idioma de mi papá, pero en la escuela me enseñaron español. Y entonces la "ñ" se volvió mi letra favorita. La "n" tenía un sombrerito que me saludaba cada vez que escribía mi nombre.

Pero lo que quiero contarles tiene que ver con la "ñ" y con la clase de Estudios Sociales. La maestra dijo que todos debíamos ser buenos ciudadanos según nuestras **posibilidades**. Entonces se me ocurrió la idea de conseguir libros en español y donarlos a alguna escuela. Así, otros niños podrían tener su encuentro con la "ñ" y con su propio nombre.

Decidí ir de puerta en puerta de la calle donde vivo para conseguir libros en español. La cocinera Virginia me **obsequió** uno de recetas de cocina dominicana. Don Pepe, el jardinero, me regaló otro sobre el cultivo de flores. Pero, la verdad es que yo quería temas más divertidos.

Al final de la calle, vivía la señora Toña. Como su nombre se escribe con "ñ", mi letra favorita, seguramente tendría libros en español.

Toqué a la puerta y apareció una señora ya muy grande, vestida de negro. Le hablé en inglés explicándole el favor que quería pedirle, cuando, sin decir una palabra más... ¡me cerró la puerta en las narices! ¡Qué grosera! Me aguanté las lágrimas y me fui. Pero soy muy terca, así que a la mañana siguiente esperé a que saliera a tirar la basura y ¡tiré al bote los dos libros que me habían dado! Lo hice para que ella se diera cuenta.

—¿Por qué los tiras? —me preguntó, furiosa, en español.

—Como usted no quiere ayudar a los demás a que lean en español, prefiero tirar los libros —le contesté, también en español.

—No te había entendido la primera vez que fuiste a buscarme. ¿Qué necesitas? —me dijo, avergonzada.

Le expliqué mi propósito. La mujer admitió que había sido tan grosera porque no entendía el inglés y le daba pena confesarlo. Arrepentida, me pidió que la esperara un momento. Entró a su casa y salió, al poco tiempo después, con una maleta llena de libros.

AHORA COMPRUEBA

Resumir ¿Qué hizo Wädi para conseguir libros? Haz un resumen de lo que hizo.

—Toma los que quieras. Todos están escritos en español.

¡Era fantástico! Adentro de la maleta había novelas de aventuras, libros de rimas, de espadachines, cuentos de terror... de todo.

—Me los llevo pero usted debe prometerme algo —me atreví a decirle.

—¿Qué?

—Que me va a dejar enseñarle inglés, todas las tardes, aquí en el parque.

La mujer se rió, **asombrada** por mi audacia.

—Bueno, ¿por qué no?

La **donación** de los libros fue un éxito y ella me acompañó a la escuela a entregarlos. Los maestros y los niños nos aplaudieron mucho. Fue fantástico llevar a cabo la donación y ver los libros acomodaditos en unos **anaqueles** adentro del salón. A veces las cosas más simples son las más importantes. Las dos nos sentimos muy contentas y, de algún modo, mejores ciudadanas.

AHORA COMPRUEBA

Resumir ¿Qué hizo Wädi con los libros que le dio la señora Toña? Resúmelo con tus propias palabras.

Fui varias tardes al parque a enseñarle inglés a mi nueva amiga. Yo no era maestra y tampoco es fácil enseñar un idioma. Cuando supo algunas cosas básicas, le mostré mis acuarelas. Le expliqué:

—Yo soy la combinación de dos colores y de dos idiomas. Yo soy morada. Ahora usted también tiene otro idioma. ¿De qué color quiere que la pinte?

Mezcla de palabras y colores

Vivian Mansour

dice que hay muchas cosas de las cuales se arrepiente: ha viajado muy poco, no ha escalado montañas, no conoce de cerca a un correcaminos y solo sabe hablar español. De lo que no se arrepentirá nunca es de leer, porque con los libros es capaz de hacer todo lo que no ha hecho.

Luis Fernández

dice que amaba dibujar en las paredes de su casa con carbón y ladrillo, lo que le valió más de un reto de sus padres. Hoy se dedica a la pintura, a la ilustración y a dar clases.

Propósito de la autora

Vivian quiso contar el orgullo que una niña siente por el origen de su nombre. ¿Por qué crees que eso es importante?

(t) Courtesy of Vivian Mansour; (b) Courtesy of Luis Fernández

Respuesta al texto

Resumir

Piensa en los detalles sobre los personajes, las pistas y el punto de vista para hacer un resumen de lo que ocurre en el cuento. Usa la tabla de personaje, pista y punto de vista como ayuda para ordenar tus ideas.

Personaje	Pista	Punto de vista

Escribir

¿Cuál es el punto de vista de la autora sobre lo que hacen los buenos ciudadanos? Organiza las evidencias del texto con los siguientes marcos de oración:

La autora cuenta que Wädi...

También cuenta que...

Esto demuestra que...

Hacer conexiones

¿Por qué Wädi es una buena ciudadana? **PREGUNTA ESENCIAL**

¿Crees que es útil saber más de un idioma? **EL TEXTO Y EL MUNDO**

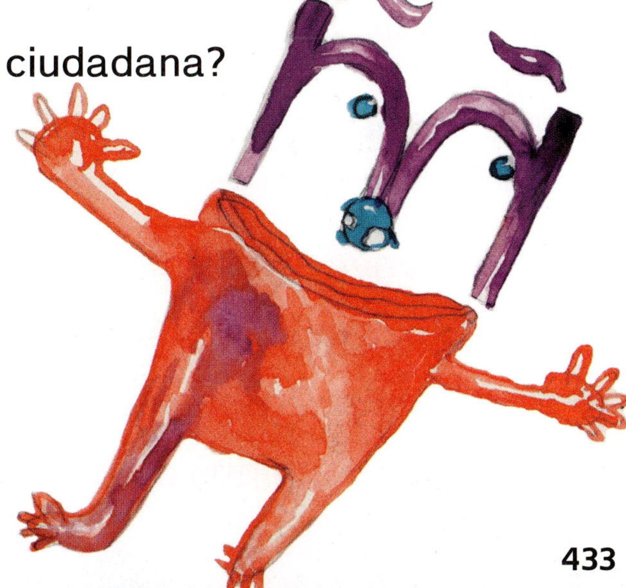

Género • Narrativa de no ficción

Compara los textos
Lee sobre un joven ciudadano que ayuda a los demás.

Cómo ayudar a Sonrisas

Matthew Stephenson vive en Texas. Tiene una discapacidad que debilita sus músculos. Las personas con esta discapacidad pueden tener problemas para caminar, sentarse y escribir. Algunos usan una silla de ruedas.

Campamento Sonrisas

Matthew Stephenson en el Campamento Sonrisas

En verano, Matthew va al campamento Sonrisas de la organización Easter Seals para niños con necesidades especiales. Estos niños no pueden ir a un campamento que no logre satisfacer sus necesidades. En Sonrisas se trabaja de otra manera. Cada niño tiene una persona que lo ayuda para andar a caballo, jugar al baloncesto o nadar. Quizá este sea el único lugar donde pueden hacer ese tipo de actividades.

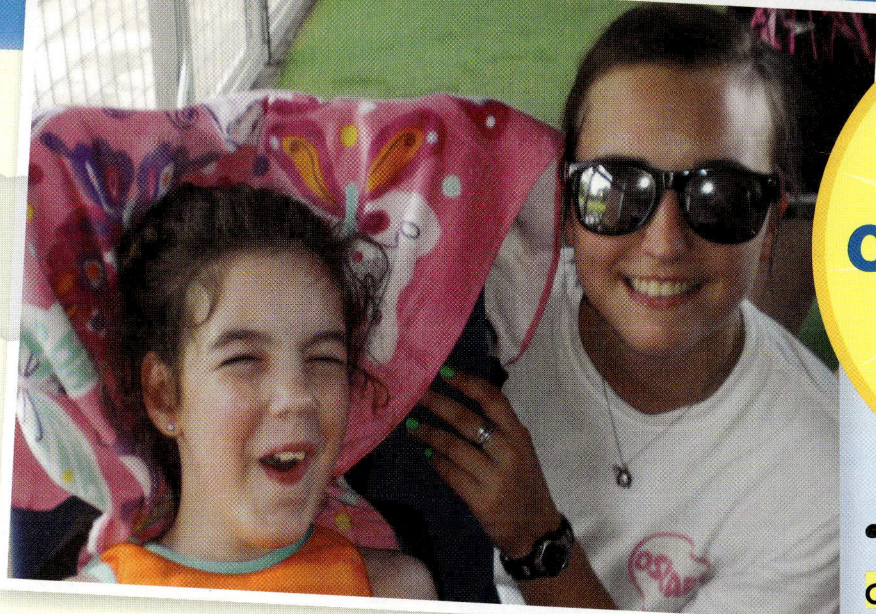

Una excursionista y su ayudante en el campamento

El desafío de Matthew

Matthew la pasaba muy bien en el campamento Sonrisas. Quería que otros niños como él pudieran ir al campamento. Pero no todos podían pagarlo. Matthew quería que eso cambiara. Decidió desafiar a la gente a que donara dinero para pagar la inscripción de 30 niños en el campamento Sonrisas. Matthew mostró un gran sentido de **responsabilidad**. Se involucró con la comunidad. Está ayudando a que los niños con discapacidades sonrían.

Un buen ciudadano es alguien que...

- respeta los **derechos** de otros.
- es responsable.
- se involucra en la comunidad.
- tiene en cuenta los sentimientos de los demás.

¿Qué haces tú para ser un buen ciudadano?

Haz conexiones

¿Por qué Matthew es un buen ciudadano? PREGUNTA ESENCIAL

Comenta las distintas formas en que se puede ser un buen ciudadano. EL TEXTO Y OTROS TEXTOS

Camp Smiles camper, Megan Fry, and counselor, Margaret Johnson

Género • Artículo persuasivo

Hagamos compost

Pregunta esencial

¿Por qué son importantes las reglas?

Lee dos argumentos opuestos sobre las reglas para reciclar alimentos.

¡Conéctate!

Cuando hablamos de vertederos, solemos pensar en pilas gigantescas de residuos plásticos. Pero una gran parte de la basura de los vertederos son restos de comida. Esto puede evitarse haciendo compost, es decir, transformando los restos de comida en suelo fértil.

En la **historia** reciente, distintas comunidades se han **unido** para crear nuevas leyes que exigen que los restos de comida se reciclen en lugar de arrojarse a la basura general. Quienes no cumplan esta **regla** deben pagar una multa. ¿Debería hacerse lo mismo en otros lugares?

POSICIÓN CONTRAPOSICIÓN

Hacer compost por ley

Los gobiernos locales deberían **redactar** y sancionar leyes que obliguen a las personas a reciclar los restos de comida. Los **autores** de estas leyes ayudarán así a cuidar la Tierra.

Hacer compost no requiere mucho esfuerzo. Pero los efectos son inmensos. Se puede hacer compost con muchos residuos comunes, por ejemplo, restos de frutas y verduras. Los desechos del jardín también sirven. **Finalmente**, cuando estos restos se descomponen, pueden usarse como abono. Una ley sobre el compost reduciría la cantidad de basura. El suelo que se obtiene con el compost sirve para fertilizar los cultivos. Si la comida no se recicla, acabará en un vertedero. Y los vertederos contaminan el ambiente.

Hacer compost por elección

La mayoría de las personas piensa que reciclar restos de comida es una buena idea. Todos los que quieran hacer compost deberían hacerlo. Pero no deben crearse leyes para obligar a los **ciudadanos** a hacerlo.

Hacer compost puede ser difícil. Cuesta dinero. Además, mantener los botes para compost requiere mucho trabajo. Es conveniente poner los botes al aire libre. Pero eso atrae insectos y animales. Muchas personas no cuentan con un espacio al aire libre y tienen que poner los botes dentro de la casa. Y el compost puede oler mal. No deberíamos obligar a las personas a emplear su dinero y su tiempo haciendo compost.

A las personas que viven en ciudades les resulta más fácil hacer compost si tienen un espacio al aire libre.

Residuos secos para reciclar

Residuos para compost

AHORA COMPRUEBA

Resumir Resume las dos posturas. Cuenta solo los argumentos más importantes de cada una.

TIME FOR KIDS®

¿Con qué se puede hacer compost?

Un día, después de almorzar, Julia y su padre se pusieron a separar los restos de comida antes de sacar la basura. El papá de Julia tiró un trozo de queso en el bote con el **símbolo** de reciclaje. "¡Un momento!", exclamó Julia. Ella sabe bien que no toda la comida sirve para hacer compost. En la tabla se muestra qué sirve y qué no.

(¡Sí!) *SIRVE PARA COMPOST*	(¡No!) *NO SIRVE PARA COMPOST*
Corazones de manzana	Carne
Cáscaras de banana	Huesos
Cáscaras de naranja	Leche
Cáscaras de huevos	Queso
Pan	Aceite
Cáscaras de cacahuate	Latas
Saquitos de té	Bolsas de plástico

Respuesta al texto

1. Piensa en los detalles y resume la selección. RESUMIR
2. ¿De qué manera el autor organiza la información para que se comprendan ambas posturas? ESCRIBIR
3. ¿Por qué son importantes las reglas? PREGUNTA ESENCIAL
4. ¿Crees que en todo el país deberían regir las mismas leyes en relación con el compost? EL TEXTO Y EL MUNDO

Género • Texto expositivo TIME FOR KIDS®

Compara los textos
Lee sobre dónde se encuentran los símbolos nacionales.

Los símbolos nacionales

Cuando piensas en Estados Unidos, ¿qué te imaginas? ¿La Estatua de la Libertad? ¿La Casa Blanca? Estos, así como otros lugares y documentos importantes, son símbolos nacionales. ¿Se te ocurren otros ejemplos?

La Casa Blanca

La Casa Blanca ha sido el hogar de todos los presidentes de EE. UU., excepto George Washington, quien colocó el primer ladrillo. El primer presidente que vivió allí fue John Adams. La Casa Blanca es un símbolo del presidente de EE. UU.

La Campana de la Libertad

La Campana de la Libertad se encargó para el Salón de la Independencia. Allí se reunieron las personas que **redactaron** la Constitución. ¡La grieta de la campana sobrepasa los dos pies! Como su nombre lo indica, la campana simboliza la libertad.

La Estatua de la Libertad

La Estatua de la Libertad fue un presente de Francia al cumplirse 100 años de la Declaración de la Independencia. Pero no había suficiente dinero para terminarla a tiempo. La estatua se colocó 10 años después del aniversario. Representa la libertad y la esperanza.

Nueva York

Filadelfia

Washington, D. C.

La Constitución

La Constitución es un documento que establece las **reglas** y los derechos de las personas que viven en Estados Unidos. Está guardada y protegida por un vidrio especial en un edificio, hogar de muchos documentos famosos. Simboliza la libertad y los derechos individuales.

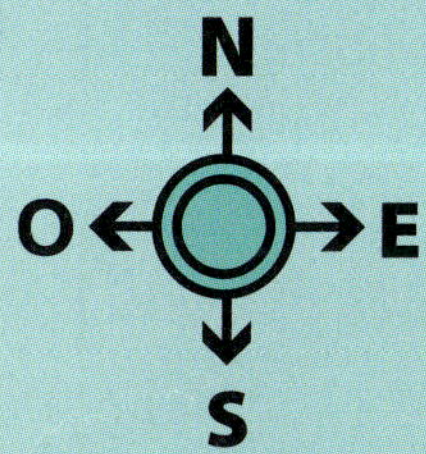

Haz conexiones

¿Por qué son importantes las reglas de la Constitución? PREGUNTA ESENCIAL

¿Cuáles son los símbolos nacionales más importantes? EL TEXTO Y OTROS TEXTOS

(tl) Tetra Images/Getty Images (tr) Image Source/Getty Images (b) Comstock/Jupiterimages

Género • Fantasía

Carlos

Ivar Da Coll

Pregunta esencial

¿Cómo hace la gente para llevarse bien?

Lee acerca de un niño que aprende a llevarse bien con su nuevo hermanito.

¡Conéctate!

La familia

Este es papá,

esta es mamá,

la abuela y…

… Carlos. Es decir…,

... una familia muy, pero muy bonita.

¡Ah!..., por poco me olvido de Cristóbal. Cristóbal siempre está con Carlos y cuando **se siente** feliz hace prr, prr.

La señorita Flori

La seño Flori está en la escuela. Ella hace cosas muy divertidas con Carlos y sus compañeros.

plastilina

jugar con los cubos

contar y cantar

Hace poco Carlos y Lily
y José y Mariana y Chela
aprendieron los colores con
la maestra Flori:
—Amarillo es el sol
—dijo Lily.
—Verdes los dinosaurios
y las lagartijas —dijo José.

—El cielo es azul y el mar
también —dijo Mariana.
—Morados son los
monstruos —dijo Carlos.
—Rojos los tomates y Carlos
cuando le doy un beso
—dijo Chela.

A Carlos le gustó mucho eso de los colores y, para no olvidarlos, al llegar a casa los pintó por todas partes.

Cuando papá vio esto dijo: —¡Oh! ¡Qué bonito! Hijo, eres un artista.

En cambio a mamá no le gustó para nada. Así que Carlos y papá estuvieron un buen rato limpiando con agua y jabón para que mamá dejara de sentirse **molesta**.

Más tarde, al entrar en la cocina, mamá le dijo a Carlos:
—Hijo, eres un artista —cuando vio un dibujo lleno de color que él había hecho y que papá le había ayudado a pegar sobre la puerta del refrigerador.
Entonces Carlos se sintió feliz.

Mamá

Un día Carlos notó que mamá tenía una barriga enorme y le preguntó:

—¿Comiste mucho pastel?
—No —le respondió ella.

Como la panza de mamá estaba inflada Carlos se acordó cuando…

… se machucó un dedo que se inflamó y le dolió.

Cuando se golpeó la cabeza y le salió un chichón…
… también se inflamó y le dolió.

Entonces volvió a preguntar:
—Pero… tu barriga está muy inflamada. ¿No te duele?
—No —dijo mamá—. Es un bebé y los bebés no duelen.
¡Son maravillosos!

Y mamá le contó cosas que pasaron cuando Carlos era un bebé:

Papá estaba feliz.

Mamá estaba feliz.

Y la abuela también estaba feliz.

Y todos decían de él: **"Eres la cosa más linda del mundo".**

Entonces Carlos se alegró porque vendría un bebé a casa y quería que llegara ya.

La abuela

Cuando papá y mamá fueron al hospital a tener el bebé, la abuela vino a jugar con Carlos.

Ella hizo todo lo que Carlos le pidió y eso fue muy divertido. Primero jugaron a la escuela y ¿quién fue el profesor? Carlos, por supuesto. **Moldearon** plastilina, ordenaron los cubos, contaron, cantaron y la abuela aprendió los colores. Entonces dijo:

—¡Oh, profe! Esto es muy interesante.

Más tarde Carlos dijo:

—Es hora de comer.

Y preparó una deliciosa sopa de tierra, flores y pasto.

—¡Exquisita! —dijo la abuela—. Usted es un gran cocinero.

Luego fueron a la sala a jugar a la playa. La abuela preparó limonada y los dos dijeron a la vez:

—¡Qué bien se está aquí!

Más tarde dejaron de jugar pues ya regresaban papá y mamá con el bebé.

AHORA COMPRUEBA

Resumir Haz un resumen de lo que hicieron Carlos y su abuela mientras esperaban al nuevo hermanito.

El bebé

Las cosas cambiaron porque:

Carlos quería dibujar pero papá estaba bañando al bebé.

Carlos quería escuchar un cuento pero mamá estaba alimentando al bebé.

Carlos quería jugar pero la abuela estaba arrullando al bebé.

Una noche, a la hora de cenar, todos estaban sentados a la mesa, todos menos Carlos.

Entonces lo llamaron pero no respondió. Volvieron a llamarlo y nada. Así, pues, **decidieron** buscarlo.

Fueron al jardín
y no estaba.

Buscaron en la
sala y tampoco lo
encontraron.

Debajo de la escalera
no había nadie.

Ni en la habitación de
papá y mamá o en la
que estaba durmiendo la
abuela.
¡Carlos no aparecía!

De pronto sintieron ruiditos en la habitación donde el bebé dormía y al asomarse vieron a Carlos parado junto a la cuna diciendo:

—¡Vete, bebé! ¡Vete!

Papá, mamá y la abuela, que alcanzaron a escucharlo, le explicaron que el bebé iba a estar con ellos por mucho tiempo, mucho tiempo, es decir, por siempre.

—¿Y jugará conmigo?
—preguntó Carlos.
—Él va a ser tu mejor, mejor amigo —dijo papá.
Estaba muy feliz, **dichoso**, por tener al bebé en casa.
Después de cenar sintió mucho sueño.

Entonces papá lo llevó en brazos a su cama. Mamá le leyó un cuento. Y la abuela le cantó una canción mientras se iba quedando dormido.

AHORA COMPRUEBA

Resumir ¿Qué hizo la familia de Carlos para que él se sintiera mejor?

Carlos soñó que hacía cosas en **compañía** del bebé.

Cuando despertó estaba feliz por tener una familia muy pero muy bonita y ahora más grande.

Nuevos amigos

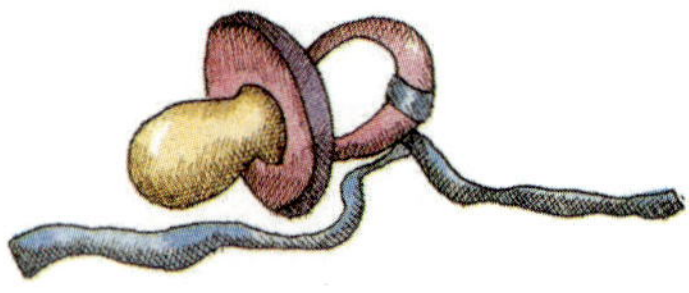

Ivar Da Coll nació en Bogotá, Colombia. Es uno de los autores e ilustradores más conocidos de su país. Representó a Colombia en muchos concursos. Sus libros ganaron muchos premios. A los 12 años ya formaba parte de un grupo de teatro de títeres en su escuela. Él diseñaba los muñecos, sus vestidos y la escenografía, ¡y también actuaba! Cuando Ivar creció, comenzó a ilustrar textos de otros escritores y, más tarde, escribió e ilustró sus propios libros. Los simpáticos personajes de sus cuentos casi siempre son animales que tienen problemas y alegrías muy parecidos a los que tenemos las personas.

Ivar en Vasteras (Suecia)

Propósito del autor

La familia de un niño se agranda con la llegada de un bebé. ¿Qué mensaje quiere transmitir Ivar en este cuento?

Respuesta al texto

Resumir

Piensa en los detalles importantes que te da el autor para descubrir cuál es el punto de vista del personaje y haz un resumen del cuento. Usa la tabla de punto de vista como ayuda para ordenar tus ideas.

Personaje	Pista	Punto de vista

Escribir

¿Por qué los lectores comprenden mejor un cuento si prestan atención a las ilustraciones? Organiza las evidencias del texto con los siguientes marcos de oración:

El autor incluyó las ilustraciones para...

Las ilustraciones pueden ser...

Hacer conexiones

¿Qué hizo la familia para que Carlos aceptara a su hermanito? **PREGUNTA ESENCIAL**

¿Qué cuidados especiales necesita un bebé? **EL TEXTO Y EL MUNDO**

Género • Texto expositivo

Compara los textos

Lee acerca de tres hermanos que aprenden una valiosa lección.

Zona libre de acoso

A nadie le gusta ser acosado. El *bullying* se da cuando una persona molesta o lastima a otra. Los matones se burlan de otros niños, los insultan o no les permiten hacer ciertas actividades. Otras formas de acoso escolar son los empujones o los golpes.

Estos niños trabajaron juntos para detener el acoso en el patio de recreo.

Los estudiantes de las escuelas primarias de Seattle, Washington, aprendieron métodos para detener el acoso escolar. Todos trabajaron juntos en la comunidad de la escuela: estudiantes, maestros, padres y el personal de la escuela.

En clase, los niños no solo aprendieron a ser buenos amigos y **cooperar** con los demás sino a saber cómo **interactuar** si ven acoso. Por ejemplo, si se están burlando de alguien o lo están dejando de lado.

Estos estudiantes de Texas aprenden sobre el acoso en un programa que se desarrolla después de la escuela.

Practicaron cómo hablar sin miedo ante los acosadores. Aprendieron a ser amigos de los chicos acosados y a ayudar a la persona a irse del lugar. Todas las semanas se reunieron para hablar sobre el acoso escolar.

Con el tiempo, hubo menos acoso en las escuelas de Seattle. Los estudiantes no insultaban en el patio de recreo. No molestaban tanto a otros. La escuela era un lugar más divertido y seguro para todos. ¡El programa fue un éxito!

Haz conexiones

¿Cómo aprendieron los niños a interactuar mejor? **PREGUNTA ESENCIAL**

¿Qué leíste esta semana sobre lo que hace la gente para llevarse bien? **EL TEXTO Y OTROS TEXTOS**

Género • Ficción

El regalo del leñador

Lupe Ruiz-Flores

Ilustrado por Elaine Jerome

¿? Pregunta esencial

¿Cómo podemos proteger la Tierra?

Lee acerca de un leñador que hace buen uso de un árbol.

¡Conéctate!

En una noche lluviosa, llegó una fuerte tormenta y tumbó el gran árbol de mezquite que estaba en la plaza principal. Después de que pasó la tormenta, todos los vecinos, que muy pocas veces se hablaban, salieron de sus casas y se reunieron alrededor del **enorme** árbol que obstruía la calle principal.

—Ese árbol está muerto. Vamos a **deshacernos** de él, —dijo el tendero al picarlo con un palo. Volteó para ver a los demás para saber qué opinaban.

La gente murmuró afirmativamente.

—Sí, —dijo el pintor de casas—. Traeré el serrucho y cortaré el árbol en trozos pequeños.

—No. Esperen, —dijo el jardinero—. Preguntémosle a Tomás, el leñador, qué debemos hacer.

—Tomás, —dijo el jardinero—, ¿qué debemos hacer con este árbol?

—Este áspero y feo mezquite sólo es bueno para una cosa: leña, —dijo el pintor gruñón.

—No, no —dijo el leñador acercándose al árbol—, no destruyan este buen árbol.

—¿Qué piensas hacer con él? —preguntó la gente.

El leñador se detuvo, concentrándose. —Este árbol *puede* pertenecernos a todos.

—¿Cómo puede un árbol ser de todos? No es posible.

El leñador sonrió y contestó: —Es una sorpresa. Ya verán.

AHORA COMPRUEBA

Hacer predicciones ¿Cuál será la sorpresa del leñador? Predice lo que hará.

Al día siguiente los vecinos observaron desde lejos cómo el leñador cortaba en dos los grandes trozos de madera. Los hombres después lo ayudaron a cargar los pedazos más grandes hasta su casa.

Día tras día, los vecinos miraban volar pedacitos de leña en el viento, como destellos de fuego, mientras el leñador cortaba y labraba y tallaba la madera.

—Mi papá dice que ese mezquite feo sólo es bueno para las barbacoas —un niño pequeño dijo mientras observaba por detrás de la cerca.

—Ah, se equivoca —contestó el leñador—. La belleza de este árbol no está por fuera sino por dentro.

Todos los días, los vecinos **curiosos** salían a ver al leñador trabajar. Hablaban y se reían y se preguntaban qué estaría haciendo.

—¿Qué está haciendo? —preguntaban.

—Tengan paciencia —decía entre dientes y continuaba trabajando.

Un día, el leñador movió los bloques de madera a su taller. Los niños miraban por los agujeros de la pared. Pero no podían ver nada. El leñador trabajaba todos los días hasta que oscurecía. Y cada noche, cerraba el taller con candado.

Finalmente, el leñador hizo sonar la gran campana oxidada de su galería. No lo había hecho antes.

¡TALÁN! ¡TALÁN! ¡TALÁN!

Todos salieron corriendo y se reunieron frente a la casa del leñador.

—¿Qué sucede? ¿Por qué suena la campana? —se preguntaron.

—Síganme —dijo el leñador. Los llevó a su taller—. Ahora cierren los ojos y no los abran hasta que yo les diga.

Abrió la puerta. Chirrííí.

—Abran los ojos —dijo el leñador con alegría. La gente del pueblo abrió los ojos. ¡Quedaron **boquiabiertos**!

—¿Ven? Hice un zoológico para que los niños lo disfrutaran —dijo el leñador con orgullo.

Adentro del taller había animales de **tamaño** real frente a ellos.

—¡Qué sorpresa! ¡Bravo! ¡Hurra! —los niños gritaron, saltando con júbilo.

—Ésa es una jirafa —exclamó una niña pequeña al acariciar el largo cuello de la jirafa.

—Y allá está una cebra —dijo otra niña.

—Miren, un león y un tigre, —dijo un niño al pasar su mano por la melena del león.

—¡Una tortuga! —dijo una niña pequeña mientras que contaba los cuadros en el caparazón de la tortuga.

Hasta el pintor no podía creerlo. Tomás había hecho un zoológico espectacular con el viejo y seco árbol de mezquite.

AHORA COMPRUEBA

Resumir ¿Cómo hizo el leñador para crear el zoológico? Resume cómo convirtió el árbol en una sorpresa.

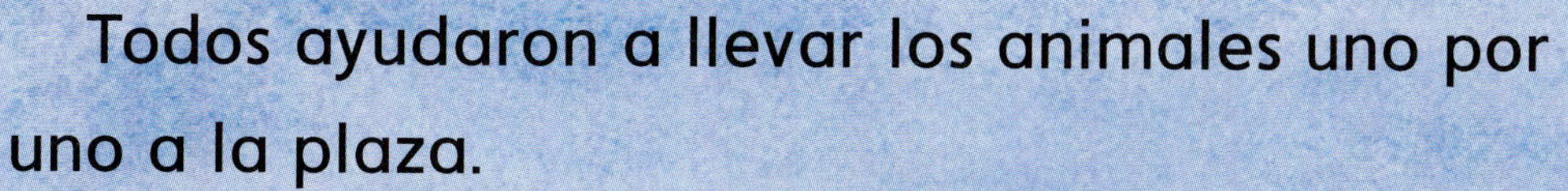

Todos ayudaron a llevar los animales uno por uno a la plaza.

—Estos animales necesitan una capa de pintura —seguía diciendo el leñador—. Aún no están terminados.

—¿Podemos pintarlos nosotros? —los niños pidieron a gritos alrededor del leñador.

—Claro que sí —contestó rascándose la cabeza—, cuando consiga pintura.

—Espere. Nosotros traeremos la pintura —dijeron los vecinos y corrieron a sus casas. Regresaron con una extraña variedad de restos de pintura y brochas.

Todos se reunieron en la plaza para pintar los animales. Cuando terminaron, se rieron al ver a la jirafa color naranja con manchas café, labios rojo cereza, largas pestañas negras y pezuñas azules. Se rieron de la tortuga con los cuadrados rosados y verdes de su caparazón. Señalaron las rayas amarillas y moradas de la cebra.

—Yo no lo podría haber hecho mejor —dijo el leñador, sonriendo.

Para celebrar, la gente del pueblo hizo una fiesta en la plaza. Los adultos observaron a los niños jugar en el zoológico. Decoraron puestos con colores brillantes y con flores de papel rojas, azules, verdes, amarillas y moradas. Disfrutaron de raspas con arcoíris de colores.

Unos días después, unos señores vestidos con traje y corbata vinieron a hablar con el leñador. Los vecinos se reunieron frente a la casa. Después de un rato, el leñador salió y habló con ellos.

—Estos señores de la ciudad quieren comprar nuestro zoológico para el museo. Dicen que es una obra de arte —dijo, sonriendo tímidamente. Jamás se había considerado un artista.

Todos se quedaron en silencio. Un niño pequeño preguntó tristemente —¿Eso quiere decir que vamos a perder nuestro zoológico?

Los niños estaban a punto de romper a llorar. ¿Les quitarían su zoológico?

El leñador miró a la gente. —Fíjense cómo nos ha unido nuestro zoológico —les dijo a los hombres de traje—. El zoológico debe permanecer aquí. No está a la venta. Pero donaré una pieza al museo para que otros también la disfruten.

La gente empezó a aplaudir. Los niños brincaron de alegría. Todos formaron un círculo alrededor del leñador. Festejaron. Bailaron.

Cuando oscureció, todos estaban agotados. Esa noche, los niños durmieron tan profundamente que no vieron al señor Jirafa estirar su largo cuello y cortar una hoja de un árbol. No vieron la melena del señor León volar **suavemente** en la brisa mientras él bostezaba. Se perdieron el remolino de rayas moradas y amarillas, mientras el señor Cebra hacía cabriolas alrededor de la plaza. Tampoco vieron al señor Tigre mover su cola hacia atrás y adelante para espantar una mosca. No, nadie vio la magia especial que llenó el aire esa noche. Todos estaban felices con saber que el regalo del leñador estaría allí la mañana siguiente.

Conozcamos a Lupe y a Elaine

Lupe Ruiz-Flores vive en Texas, donde crecen árboles de mezquite. Se inspiró para escribir *El regalo del leñador* en dos artículos de un periódico. Uno trataba sobre un auténtico leñador y el otro, sobre un artesano mexicano. Lupe aprendió a narrar cuentos de sus padres. Cuenta sus historias en español y en inglés.

Elaine Jerome comenzó a ilustrar libritos apenas pudo sostener una crayola. Estudió en una escuela de arte cómo dibujar animales y plantas. Allí surgieron los colores brillantes que usó en *El regalo del leñador.*

Propósito de la autora

En la primera parte del cuento, Lupe te tiene intrigado, tratando de adivinar lo que está haciendo el leñador. ¿Por qué crees que la autora hace esto?

Respuesta al texto

Resumir

Piensa en los detalles importantes y haz un resumen del cuento. Usa la tabla de problema y solución como ayuda para ordenar tus ideas.

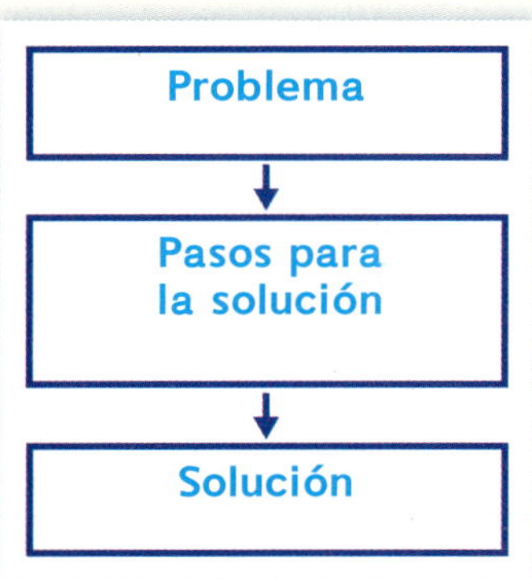

Escribir

¿Cómo te ayuda la autora a comprender el mensaje del cuento? Usa estos marcos de oración:

Las palabras de los personajes muestran...
Las acciones de los personajes muestran...

Hacer conexiones

¿Cómo ayudó el leñador a proteger la Tierra? **PREGUNTA ESENCIAL**

¿Qué aprendiste sobre los regalos después de leer el cuento? **EL TEXTO Y EL MUNDO**

Género • Texto expositivo

Compara los textos

Lee sobre los recursos minerales y rocosos, y también sobre cómo protegerlos.

Nuestros recursos

¿Qué hay sobre, debajo y alrededor de la Tierra? ¡Los recursos! Cuando sales, sientes una brisa suave o un viento fuerte sobre la cara. Mira hacia abajo. Estás caminando sobre la tierra y las rocas. Escucha el murmullo de un arroyo pacífico o el estruendo de las olas del océano. Los recursos son materiales de la Tierra que las personas utilizan en la vida diaria. El aire, el viento, el agua, las rocas y la tierra son recursos naturales que utilizamos todos los días.

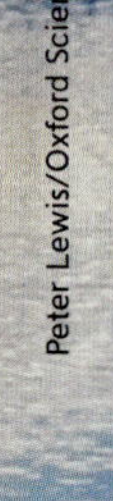

Rocas y minerales

Las rocas y los minerales están en todas partes: en la tierra, la arena, el agua o el hielo. Las rocas son grandes o pequeñas, ásperas o suaves. ¿Has visto una roca reluciente? Algunas brillan por los minerales que contienen. Al igual que las rocas, los minerales no tienen vida. Existen en diferentes formas, tamaños y colores. Cuando ambos se descomponen, forman el suelo. A continuación, encontrarás características de las rocas y los minerales representadas en este gráfico.

Rocas y minerales

Rocas ígneas	 **Basalto**	El basalto es negro oscuro. A veces, contiene burbujas de gas en su interior.
Rocas sedimentarias	 **Pizarra**	La pizarra puede ser negra, roja, marrón o azul. Cuando está húmeda, huele como el barro.
Rocas metamórficas	 **Mármol**	El mármol es una roca suave multicolor. En ocasiones, contiene cristales brillantes.
Minerales	 **Cuarzo**	El cuarzo es un mineral duro. Se parece al vidrio.

(t to b) Harry Taylor/Dorling Kindersley/Getty Images (2) Dr. Parvinder Sethi (3) Harry Taylor/Dorling Kindersley/Getty Images (4) RF Company/Alamy

Utilizamos las rocas y los minerales de muchas maneras. El granito sirve para los edificios y monumentos, y también para las mesadas de las cocinas. Se precisa el mármol para las estatuas y una gran variedad de rocas para las herramientas. Los minerales se emplean para fabricar todo tipo de productos, por ejemplo, los alimentos y los autos.

Minerales que utilizamos

Cantidad utilizada por una persona durante toda su vida (Libras)

	Hierro	Arcilla	Sal	Otros minerales
Cantidad (libras)	28,000	13,000	17,000	41,000
Usos	Cacerolas Bicicletas Computadoras	Platos Ladrillos Vidrios Champú	Alimentos Condimentos Enjuague bucal Medicina	Cámaras Estufas Veredas Crema dental

Eje vertical: 0, 10,000, 20,000, 30,000, 40,000, 50,000

Conservar nuestros recursos

Disponemos de una buena **provisión** de algunos recursos naturales. Cuando consumimos el aire y el agua, la Tierra los reemplaza rápidamente, pero produce rocas y minerales más lentamente. Es posible mantener un buen suministro de nuestros recursos usándolos nuevamente. Podemos reciclar aquello que ya no necesitamos.

Así, reducimos la contaminación y mantenemos limpios los recursos naturales, por ejemplo el agua y la tierra. Si trabajamos conjuntamente, **preservaremos** nuestros recursos para todos, por mucho tiempo.

Haz conexiones

¿Cómo puedes proteger nuestros recursos, por ejemplo las rocas y los minerales? **PREGUNTA ESENCIAL**

¿Sobre qué recursos naturales has leído esta semana? **EL TEXTO Y OTROS TEXTOS**

Género • Texto expositivo

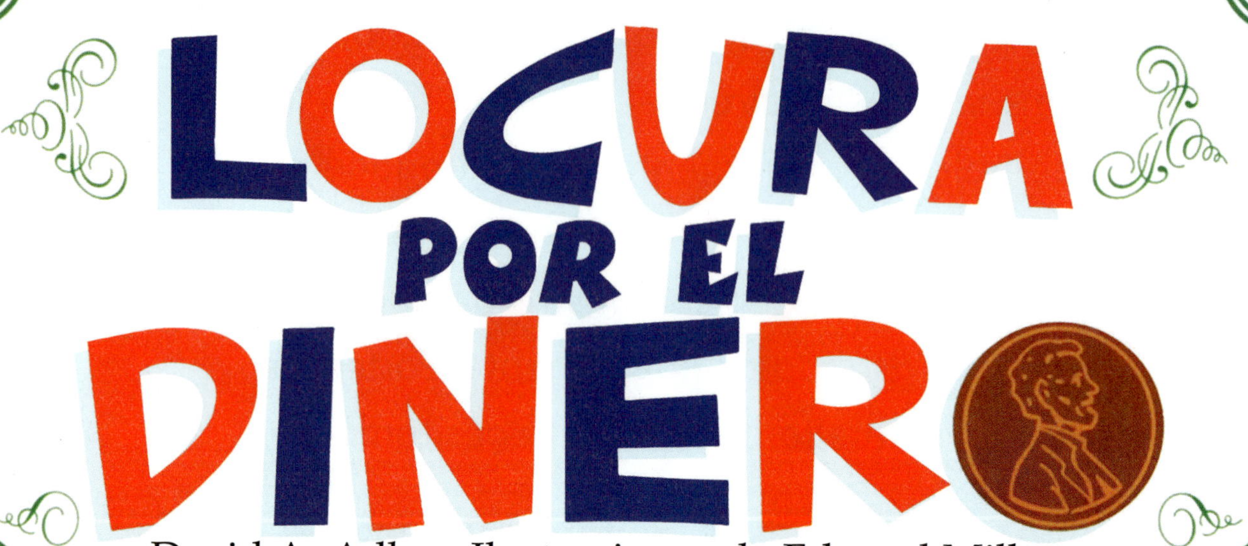

LOCURA POR EL DINERO

David A. Adler - Ilustraciones de Edward Miller

Pregunta esencial

¿Cómo usamos el dinero?

Lee sobre cómo funciona el dinero.

¡Conéctate!

¿Por qué están todos locos por el dinero?
La gente habla de dinero y trabaja por dinero.
Parecen siempre querer más dinero.
Echa un vistazo al billete de un dólar.
Tiene un lindo retrato de
George Washington,
¡pero es solo papel!

¿Por qué la gente quiere dinero? Quieren dinero porque se usa para **comprar** cosas.

Imagina un mundo sin dinero. Si tuvieras hambre y no existiera algo como el dinero, ¿cómo comprarías una pieza de pan? Tendrías que ser tu propio panadero.

Sin dinero, ¿cómo conseguirías los ingredientes para el pan? Si nadie te diera o te vendiera la harina, tendrías que cultivar el trigo, cosecharlo, molerlo y tamizarlo para conseguir la harina para tu pan.

Si algo como el dinero no existiera y necesitaras ropa nueva, tú tendrías que fabricarla.

Imagina si tuvieras que tejer tu propio suéter. Imagina si tuvieras que criar una oveja y esquilarla, hilar la lana y después tejer el suéter tú mismo.

Hace mucho tiempo, antes de que existiera el dinero, la gente no podía comprar cosas. Cuando tenían hambre, recogían bayas y mataban animales. Cuando tenían frío, juntaban leña para sus fogatas.

Antes de que existiera el dinero, la gente recolectaba y cazaba lo que necesitaba. Eran autosuficientes.

A algunos les gustaba cazar. Eran buenos en eso. Otros eran buenos haciendo garrotes o ropa. Pronto la gente empezó a intercambiar cosas. El que hacía garrotes, intercambiaba con el que hacía ropa.

El **sistema** de intercambiar una cosa por otra se llama trueque.

Quizás tú practicas el trueque. ¿Alguna vez has cambiado un juguete por otro? En el almuerzo, ¿alguna vez has cambiado una manzana por una naranja? Eso es el trueque.

Sin embargo, el trueque no siempre funciona. Un cazador podría cambiar un animal por bayas, pero ¿por cuántas bayas? ¿Y qué pasaría si al cazador no le gustaran las bayas?

¿Cómo podría un panadero conseguir una casa? ¿Cuántas hogazas de pan necesitaría?

¿Y por qué alguien querría tanto pan? Mucho antes de que la persona pudiera comerlo todo, la mayor parte de ese pan se pondría duro.

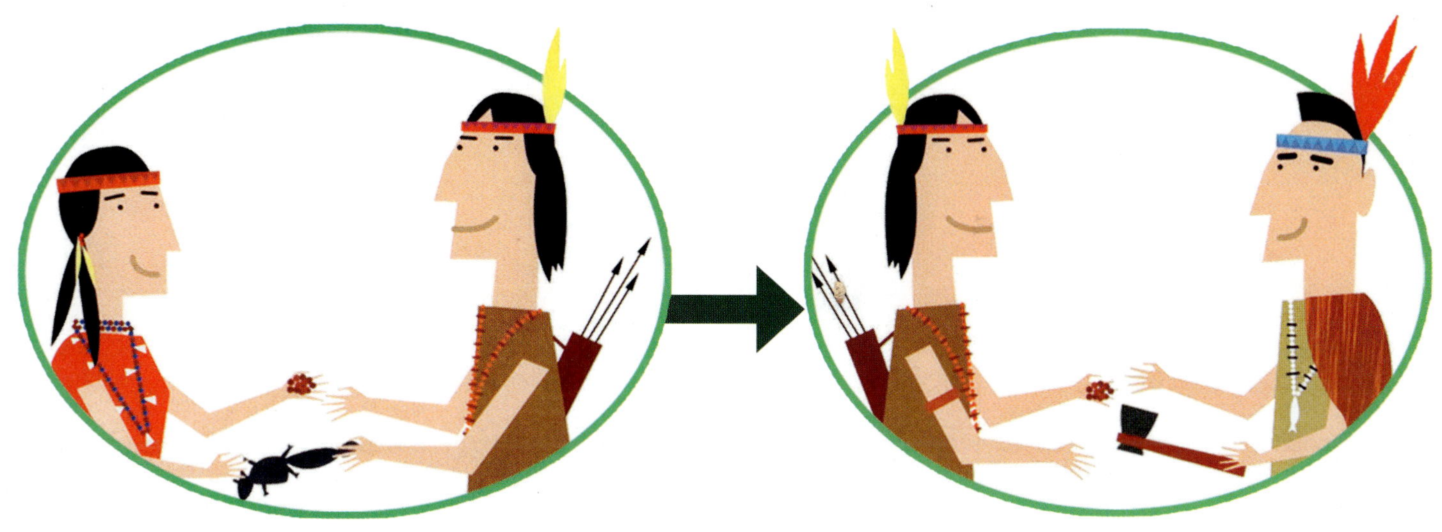

Un cazador que no quisiera bayas, podría intercambiarlas, de todas formas, para luego volver a cambiarlas por algo que desee.

La dueña de una casa podría intercambiarla por pan para luego cambiarlo por algo que quisiera.

En esos intercambios, las bayas y el pan funcionarían como dinero.

Hubo un tiempo en que las vacas, los camellos, las rocas, las plumas, la sal, el pescado seco, los anzuelos, las pieles de animales y las cuerdas con cuentas hechas de almejas se usaban como dinero.

La gente **valoraba** las vacas, las ovejas y los camellos. Y siempre podían intercambiar uno de esos animales por algo que quisieran.

¿Pero qué pasaba si algo **valía** la mitad de una vaca? No querría cortar la vaca por la mitad para comprar algo.

¿Qué pasaba si la oveja o el camello que querían cambiar estaba enfermo? Tendrían problemas para intercambiarlo.

Cuando los animales se usaban como dinero, tu dinero necesitaba alimento. El dinero podía morir o escaparse.

Las rocas también fueron una forma de dinero. Son de tamaños diferentes, pero pesadas para transportar.

También las plumas se utilizaban como dinero; son livianas, pero se pueden volar.

Necesitaban algo que no se enfermara, que no necesitara alimento, ni fuera demasiado pesado o demasiado liviano, que viniera en diferentes pesos y tamaños, y que toda la gente quisiera.

AHORA COMPRUEBA

Resumir Resume las formas de intercambio sobre las que leíste.

Hace cientos de años, las personas descubrieron que los metales servían como dinero. La gente valoraba el bronce y el cobre, porque podían cortarse en pedazos pequeños, ideales para ser transportados.

Para saber cuánto valía cada pedazo, la gente solo tenía que pesarlo. Cuanto más pesado era el pedazo, mayor era su valor.

Estos pedacitos metálicos se convirtieron en las primeras monedas.

Luego las monedas se hicieron de plata y oro. A la gente le gustaban la plata y el oro, así que estaban contentos de intercambiar cosas por esos metales.

Pero transportar monedas es difícil, así que se **inventó** el papel moneda.

El primer papel moneda era como una promesa impresa, una promesa de que el dinero podía llevarse al banco y cambiarse por monedas de plata y oro.

Letra de cambio

Cada país tiene su propio dinero. En Estados Unidos la gente ya no usa monedas de plata y oro como dinero.

Pero el papel moneda todavía tiene valor, porque se lo puede utilizar para comprar cosas.

México

Puedes usar el papel moneda para comprar pan, muebles o ropa. Puedes usarlo para comprar una casa. Inclusive puedes usarlo para comprar oro y plata.

Europa

En Estados Unidos, la gente usa dólares. En México usan pesos, en Israel, nuevos shéquels; en Rusia, rublos; en China, yuanes; en Canadá, dólares; en Sudáfrica, rands; y en Brasil, reales. En muchos países de Europa la gente usa euros.

China

Brasil

El valor del dinero cambia todo el tiempo en cada país. Un dólar estadounidense puede valer diez pesos mexicanos un día y un poco más o menos al día siguiente.

Tu dólar puede valer siete yuanes chinos un día y un poquito más o menos al día siguiente.

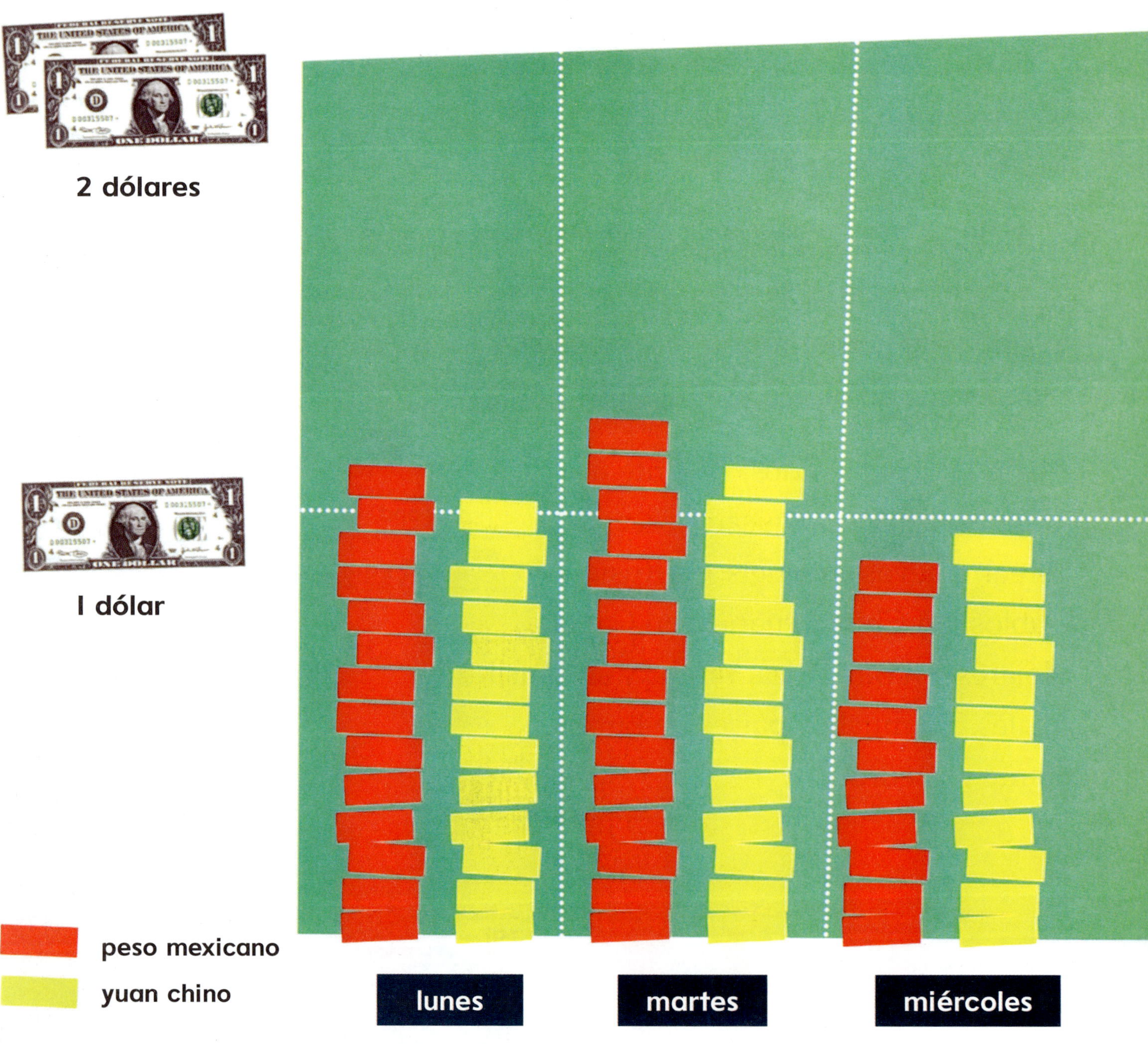

El valor del dinero de cada país aumenta cuando los **precios** bajan en ese país. Cuando eso pasa, cada dólar puede comprar más cosas.

El valor del dinero de cada país baja cuando los precios suben en ese país. Cuando los precios suben, el mismo dólar puede comprar menos cosas.

Cuando los precios bajan, el valor del dólar sube. Por ejemplo, cuando una bola de helado cuesta un dólar, cada dólar puede comprar una bola. Si los precios bajan y una bola de helado ahora cuesta solo cincuenta centavos, un dólar compra el doble de lo que compraba antes. Ahora un dólar compra dos bolas de helado. El valor del dólar en relación al helado aumentó.

Cuando los precios bajan en un país, no solo para el helado sino para muchas, o la mayoría, de las cosas, el valor de su moneda aumenta.

Los cheques y las tarjetas de crédito también son dinero, porque se los puede usar para comprar cosas.

Algunas personas incluso usan dinero digital. Para el dinero digital, hay un **registro** del dinero de una cuenta en la computadora. Cuando gastas ese dinero para comprar o bajar música, el importe que gastas se saca de tu cuenta.

Aunque no puedas verlo, el dinero digital también es dinero, porque se lo puede usar para comprar cosas.

AHORA COMPRUEBA

Resumir ¿Cómo funciona el dinero digital? Resume lo que has leído.

Ya no vivimos en un mundo solo de cazadores y recolectores de comida. Vivimos en un mundo de bailarines, maestros, doctores, astronautas, dentistas y panaderos.

Sin dinero, es difícil imaginar qué tendría que intercambiar una bailarina para comprar un auto.

Sin dinero, es difícil imaginar qué tendría que intercambiar una maestra para comprar un suéter.

Es difícil imaginarse un mundo sin dinero.

Ahora busca en tus bolsillos. ¿Tienes monedas? ¿Tienes billetes? Si los tienes, es probable que te sientas feliz.

Sabes que con dinero puedes comprar las cosas que quieres. Con dinero puedes comprar las cosas que necesitas.

CONOZCAMOS AL AUTOR Y AL ILUSTRADOR

DAVID A. ADLER solía escribir cuentos para sus hermanos y hermanas menores. Su cuento favorito contaba la historia de una niña que plantaba flores en sus zapatos. "¡Todavía estoy creando historias!", dice David. Se convirtió en autor y ha escrito más de 200 libros para niños. *Locura por el dinero* es uno de varios libros que ha escrito sobre el dinero y cómo funciona. Otros libros de David tratan sobre historias de misterio y biografías.

EDWARD MILLER dibujaba mucho cuando era niño. Ahora usa una computadora para crear ilustraciones para niños. A su gato Jimmy le gusta recostarse en su brazo mientras él trabaja. ¡Jimmy pesa 14 libras!

PROPÓSITO DEL AUTOR

Locura por el dinero tiene un gráfico de barras en la página 572. ¿Por qué crees que David incluyó este gráfico en su libro? ¿En qué forma te ayuda a entender lo que David quiere enseñar sobre el dinero?

(t) courtesy of David A. Adler (b) courtesy of Edward Miller

Respuesta al texto

Resumir

Resume el texto. Piensa en los detalles importantes. La información de tu tabla de problema y solución puede ayudarte.

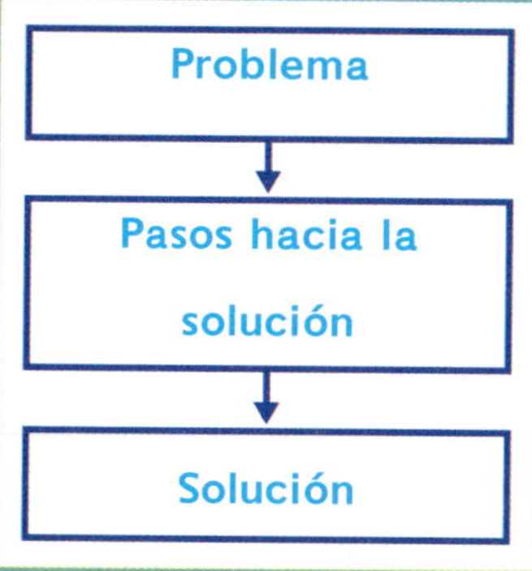

Escribir

¿Cómo te ayuda el autor a comprender por qué la gente usa dinero? Completa estas oraciones para ayudarte a contestar la pregunta:

El autor describe...

El autor usa ilustraciones...

El diagrama muestra...

Hacer conexiones

¿Por qué es importante un billete de un dólar? PREGUNTA ESENCIAL

¿Qué puedes hacer con un billete de un dólar? EL TEXTO Y EL MUNDO

Género • Mito

Compara los textos

Lee acerca de un rey y de los problemas que causa por desear oro.

EL REY MIDAS Y EL TOQUE DORADO

Hace muchos años, el rey Midas vivía en un magnífico palacio con un hermoso jardín de rosas. Tenía una hija a la que quería mucho.

Un día, el rey Midas hizo una obra buena por un amigo, quien lo premió concediéndole un deseo. El rey Midas quería hacerse rico, pero no deseaba **plata**. No quería comprar joyas y mercancías. El quería en cambio riquezas que el dinero no podía **comprar**. Lo que el rey deseaba era que todo lo que tocara se convirtiera instantáneamente en oro.

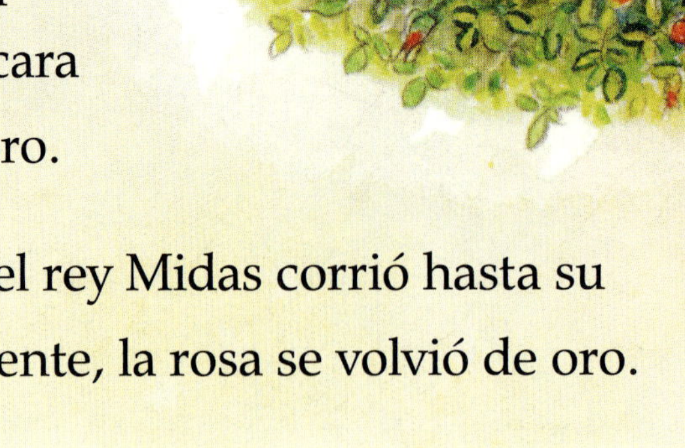

El amigo le concedió ese deseo, y el rey Midas corrió hasta su jardín y tocó una rosa. Instantáneamente, la rosa se volvió de oro. El rey Midas aplaudió con alegría.

Anna Vojtech

El rey Midas pasó todo el día convirtiendo cosas en oro. A la hora de la cena, tenía hambre y sed. Se sentó a la mesa con su hija y su amigo. El rey tenía la comida y el agua en su mesa de oro. Pero cada objeto que tocaba, se convertía también en oro. El rey se quedó hambriento y sediento.

Entonces, la hija del rey Midas le ofreció su agua. Cuando él trató de agarrar la copa, sin pensarlo, tocó la mano de su hija. De inmediato, ¡la joven se transformó en oro también! Atónito, el rey Midas le rogó a su amigo: "¡Deshaz mi deseo, por favor!". Al ver que el rey había aprendido la lección, su amigo deshizo el deseo. Todos los objetos de oro volvieron a su estado normal. Su hija también.

El rey Midas la abrazó con fuerza. Había perdido su oro, pero había recobrado lo que realmente amaba. Algunas cosas son más valiosas que el oro.

Haz conexiones

En lugar de usar dinero, ¿qué hizo el rey Midas para volverse rico? **PREGUNTA ESENCIAL**

¿Acerca de qué formas diferentes de dinero has leído esta semana? **EL TEXTO Y OTROS TEXTOS**

Género • Drama/Mito

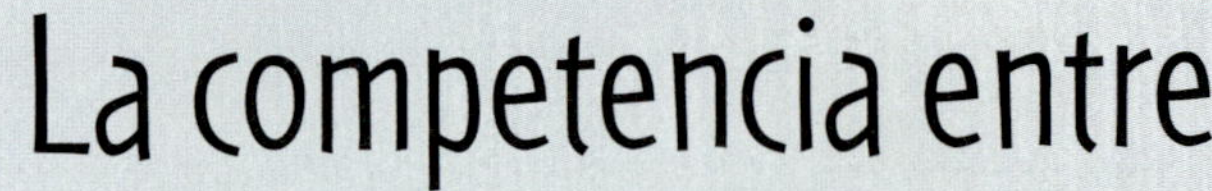

La competencia entre ATENEA Y POSEIDÓN

Pamela Walker

ilustraciones de Josée Masse

Introducción

En la antigüedad, los griegos contaban historias extraordinarias de dioses y diosas. Estos poderosos seres vivían en la cima del Monte Olimpo y tenían dominio sobre las personas. Estas historias, llamadas mitos, a menudo servían para explicar algo relacionado con la naturaleza.

Pregunta esencial

¿Qué nos enseñan los mitos?

Lee un mito acerca de cómo una diosa cambió una ciudad.

¡Conéctate!

Narrador: En aquellos días, era habitual que algún dios o alguna diosa pidiera ser el protector de una ciudad. Eso significaba que cuidaría de la ciudad y de sus habitantes. A cambio, pedía que se nombrara la ciudad en su honor. Esa mañana, Atenea escuchó los gritos de Poseidón reclamando la joven ciudad y lo confrontó.

Atenea: *(divertida) ¿Tú,* Poseidón? ¡Estas son buenas personas! Necesitan un protector bueno y sabio.

Lico: *(al rey Cécrope)* No es una sorpresa que *dos* poderosos inmortales hayan puesto los ojos en su reino.

Rey Cécrope: Sí, pero la duda es quién será un patrono más adecuado para estas bellas tierras.

Poseidón: *(gritando enfurecido)* ¡No existe la menor duda! ¡*YO SERÉ* el patrono de esta ciudad!

Atenea: *(riendo)* ¡No suenas como un patrono bueno y considerado! Esta ciudad merece algo mejor que un dios que grita desde una nube en el cielo. ¡Con mi presencia, demostraré que soy la protectora que esta ciudad necesita!

Narrador: De pronto, la sabia Atenea apareció en la Acrópolis junto a Cécrope y Lico, que reaccionaron con asombro. ¡Casi nunca ocurría que un dios o una diosa descendiera de su hogar sobre las nubes! Y, sin embargo, allí estaba Atenea envuelta en su túnica **dorada**.

Poseidón: *(Aparece junto a Cécrope y Lico).* ¡Haré lo que sea por demostrar que YO soy el patrono de esta ciudad!

Escena 2

Un gran prado cerca de la ciudadela. El rey Cécrope, Lico y una muchedumbre de habitantes del reino miran cómo se enfrentan Poseidón y Atenea.

Rey Cécrope: *(preocupado)* ¿No podríamos resolver esto de una manera pacífica? Los arrebatos de ira suelen conducir a terribles batallas. ¡Y no queremos eso! ¡Busquemos un modo de llegar a un acuerdo antes de que sea demasiado tarde!

Poseidón: *(levantando su tridente)* ¿Una batalla, dices? ¡Sí! ¡Es la *única* forma justa de llegar a una decisión!

Atenea: *(sacudiendo la cabeza)* No, Poseidón. La única forma justa es dejar que el pueblo decida. Podemos hacer una competencia. Cada uno de nosotros le hará un regalo a la ciudad. ¡El pueblo decidirá cuál de los regalos es más útil para la ciudad!

Narrador: Se oyeron gritos y aplausos que surgieron de la multitud.

Rey Cécrope: *(aliviado)* Una competencia es una solución justa y sabia. ¡Recibamos los regalos de Poseidón y de Atenea! Luego, los habitantes de mi reino decidirán quién es el protector más adecuado para nuestra ciudad.

AHORA COMPRUEBA

Volver a leer ¿Cómo decidirá el pueblo quién será el patrono de la ciudad? Vuelve a leer para comprobar que lo entiendes.

Poseidón: *(murmurando)* ¡Una tonta competencia! No importa. Mi regalo será mejor que el de Atenea. *(Al rey Cécrope y a los habitantes de su reino)* ¡Yo seré el primero! Mi regalo será tan perfecto que no será necesario esperar a ver el lamentable obsequio de Atenea.

Narrador: Poseidón levantó su tridente sobre su cabeza. Esta arma con tres puntas afiladas le había dado a Poseidón el dominio del mar. Con un movimento rápido, el dios clavó en el suelo su tridente. El suelo tembló con la fuerza del golpe.

Poseidón: *(gritando mientras jala de su tridente)* ¡Mi regalo para ustedes es agua!

Narrador: Todos aplaudieron al ver el agua brotar del suelo.

Ciudadano 1: ¡Siempre necesitamos agua potable! Poseidón, ¡este es realmente un regalo fantástico!

Narrador: Pero pronto el agua comenzó a salir a borbotones y subió hasta alcanzar un nivel alarmante. La gente, asustada, corrió a las laderas de las colinas.

Ciudadano 2: *(molesto)* ¡Es demasiada agua! ¡Está inundando los prados!

Ciudadano 1: ¡Oh, no! Las olas ya llegan a los primeros edificios de la ciudad.

Ciudadano 3: *(Bebe un sorbo de agua y hace un gesto de desagrado)*. ¡Esta agua no es potable! ¡Es agua salada! ¡No sirve ni para beber ni para regar los **cultivos**!

Rey Cécrope: *(**susurrándole** a Lico)* ¡Ahora buena parte de mi reino está cubierta de agua inservible! Mi pueblo y sus animales se refugian en las escarpadas laderas de las colinas. ¡Espero que el regalo de Atenea sea mucho mejor!

Atenea: *(buscando entre los pliegues de su túnica)* ¡Mi regalo para ustedes! *(Muestra un pequeño árbol verde).*

Narrador: Se oyó un suspiro de decepción, seguido de la risa burlona de Poseidón. Pero todos hicieron silencio cuando Atenea se arrodilló y se puso a plantar el arbolito en el suelo rocoso de las laderas.

Atenea: *(cantando dulcemente) Pequeño árbol; ya crecerá. Y todo lo que conceda, bueno será. En cada* ***etapa*** *un premio da: fruto, aceite y, al final, madera.*

Ciudadano 1: *(señalando con entusiasmo)* ¡Miren! ¿Cómo es posible?

Narrador: En todas las laderas comenzaron a brotar los olivos. Muchos estaban cargados de hermosas aceitunas verdes.

Atenea: *(cantando dulcemente) Perdura por años su fuerte madera. Las aceitunas brotan de sus ramas: sabroso fruto para el paladar, su aceite no tiene igual.*

Ciudadano 2: ¡Piensen en todas las aceitunas que podremos comer y en el aceite que podremos hacer!

Ciudadano 3: Nuestro pueblo sacará provecho de este regalo por siempre. ¡Atenea es la ganadora!

Narrador: En todas las colinas resonó el nombre de Atenea: las personas aclamaban a la diosa alegremente. Furioso por la decisión, Poseidón desapareció haciendo retumbar un trueno.

AHORA COMPRUEBA

Volver a leer ¿Por qué Atenea gana la competencia? Vuelve a leer para comprobar que lo entiendes.

Escena 3

La Acrópolis, con Atenas de fondo. El sol **brilla** *sobre los olivares que salpican las colinas. Una suave brisa agita sus hojas. Las escalinatas de la ciudadela están repletas de cestos de aceitunas.*

Narrador: Han transcurrido muchos años desde la competencia entre Atenea y Poseidón. Fiel a su palabra, Atenea fue una protectora buena y sabia. La ciudad, llamada Atenas en su nombre, **se convirtió** en una de las ciudades más prósperas de la antigüedad.

Rey Cécrope: *(a su ayudante)* ¿Lo ves, Lico? Con Atenea como protectora, el reino ha florecido. ¡Nos encargan aceitunas de todas partes! Nuestros barcos no dan abasto para transportarlas.

Lico: Sí, mi señor. Y también transportamos más de cien jarras de aceite de oliva por día. Debe sentirse muy orgulloso.

Rey Cécrope: *(melancólico)* Ya estoy viejo, Lico. Mis riquezas no se pueden contar. Tengo más joyas de las que desearía cualquier rey. Pero solo una joya ha despertado mi amor. Y es mi deslumbrante Atenas.

Narrador: Unos días más tarde, el rey Cécrope murió. Según su deseo, fue enterrado junto a un olivo, en una colina con vista a la ciudad que había amado. La diosa, que amaba la ciudad tanto como el rey, lloró junto al olivo. Las raíces absorbieron las lágrimas de Atenea, y por eso el árbol nunca murió. Este olivo vive todavía hoy.

CONOZCAMOS A LA AUTORA Y A LA ILUSTRADORA

Pamela Walker proviene de una familia de narradores. A su padre le encantaba contarles a sus seis hijos relatos antiguos, como cuentos folclóricos y mitos. De grande, Pamela se convirtió en maestra y, más tarde, en escritora. En la actualidad, continúa la tradición iniciada por su padre, ya que es narradora y escritora de cuentos para niños.

Josée Masse dibuja desde que recuerda. De niña nunca le preocupó estar sola, siempre que tuviera a mano sus lápices y sus papeles para poder transformar en dibujos todas sus ideas. Y ahora que es adulta, tiene el trabajo de sus sueños: es ilustradora de libros para niños.

PROPÓSITO DE LA AUTORA

¿Cómo te ayudan las indicaciones escénicas a imaginar a los personajes y el ambiente de este drama?

Resumir

Piensa en los detalles importantes para resumir lo que ocurre en la selección. Consulta la información de tu tabla de tema.

Clave
↓
Clave
↓
Clave
↓
Tema

Escribir

¿Cómo emplea el diálogo la autora para ayudarte a comprender por qué los ciudadanos eligen a Atenea como protectora de la ciudad?

Al principio, el diálogo muestra...
Durante la competencia...
Al final,...

Hacer conexiones

¿Qué información da este mito acerca de los olivos? **PREGUNTA ESENCIAL**

¿Qué aprendiste de la antigua Grecia con este mito? **EL TEXTO Y EL MUNDO**

Género • Texto expositivo

Compara los textos
Lee sobre cómo crece y se desarrolla una planta de calabaza.

Una planta de Calabaza

Vemos calabazas durante el otoño. Algunas personas las decoran, otras preparan tartas y otras comen las semillas. ¿Has visto cómo crece y **se desarrolla** una calabaza a partir de una semilla? Aprende acerca de este proceso asombroso.

Las calabazas contienen muchas semillas.

En el interior de una calabaza

Si has observado a alguien cuando corta una calabaza, habrás visto que tiene muchas semillas. Toda calabaza nace de una semilla. Si plantas la semilla, le ofreces el agua, la luz y el aire que necesita, se transformará en una nueva planta de calabaza.

Semilla comestible
Planta pequeña
Cubierta de la semilla

En el interior de la semilla se encuentra todo lo necesario para que crezca una nueva planta de calabaza.

(t) Ingram Publishing/Alamy (b) Illustration: Graham Smith

Planta de calabaza

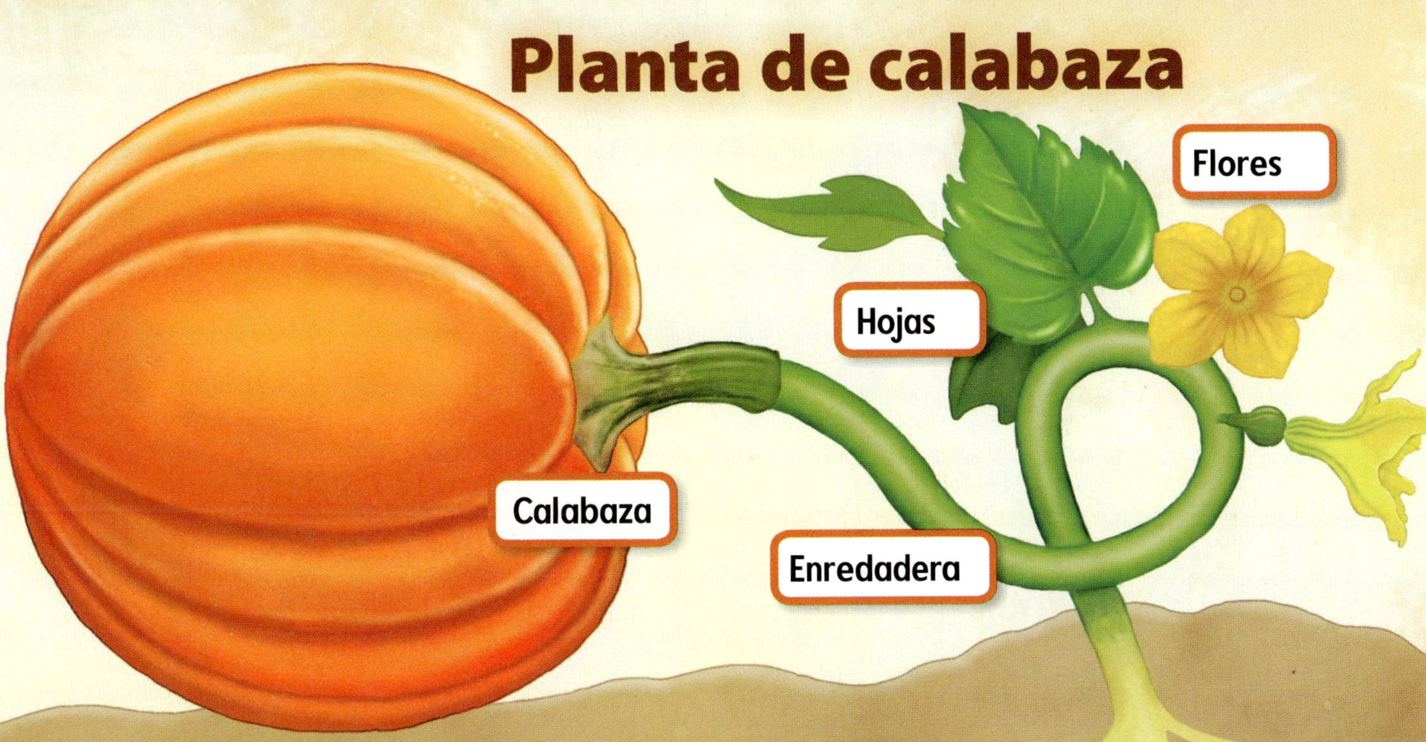

Raíces

Cómo cultivar calabazas

Planta las semillas en un lugar soleado.

Plántalas en primavera.

1. Forma un montículo en la tierra.
2. Coloca 4 o 5 semillas en la parte superior del montículo.
3. Riega las semillas.
4. Mantén la tierra húmeda.

Verás los brotes en 1 o 2 semanas. Las calabazas estarán listas en aproximadamente 4 meses.

(bkgd) Illustration: Graham Smith (inset) pasmal/amanaimagesRF/Getty Images

Has visto una pequeña semilla y luego una planta de calabaza. Aprende las **etapas** del proceso.

Crece una semilla

Tú plantas una semilla de calabaza y la riegas. En unos pocos días, verás un pequeño brote verde sobre la superficie. Las raíces se desarrollan debajo la superficie.

El brote crece diariamente. Cuando es largo, se convierte en una enredadera. La enredadera se alarga y extiende sobre la tierra. Aparecen unas flores amarillas, que se transformarán en calabazas.

Donde estaban las flores, crecen unas pequeñas calabazas verdes. Luego, las calabazas se agrandan y adquieren un color naranja. Pronto estarán listas para sacarlas. Ahora el ciclo comienza nuevamente.

Ciclo de vida de una planta de calabaza

Haz conexiones

¿Qué aprendiste acerca de las plantas de calabaza? **PREGUNTA ESENCIAL**

¿Qué has aprendido esta semana sobre cómo crecen las plantas? **EL TEXTO Y OTROS TEXTOS**

Viaje divertido

En una tarde triste
cuando me sentía aburrida
decidí darle al fastidio
una buena despedida.
Primero me subí
en las alas de un avión
que partía hacia Perú
en medio de un ciclón.

Pasando por los Andes,
di un **brinco** y caí
en la espalda de una llama
que pasaba por allí.
Conocí a tres piratas
y su mascota muy coqueta:
un elocuente elefante
que presumía de **poeta**.

Después los tres piratas
cantaron en **armonía**
hasta que paré de escribir
este cuento fantasía.

Carmen Tafolla

¿? Pregunta esencial

¿Adónde te puede llevar la imaginación?

Lee estos poemas que tratan sobre la imaginación y la creación.

¡Conéctate!

¡Buen viaje!

Con la mitad de un periódico
hice un buque de papel,
y en la fuente de mi casa
va navegando muy bien.

Mi hermana con su abanico
sopla que sopla sobre él.
¡Muy buen viaje, muy buen viaje,
buquecito de papel!

Amado Nervo

Poema

Un poema no es un pájaro,
sino el vuelo de los pájaros.

No es la nube,
sino la canción de las nubes.

Un poema es una casa abierta,
con puertas y ventanas
despiertas.

Un poema no es la flor,
sino el aroma de las flores.

No es un árbol
sino el fruto de los árboles.

Un poema, no es un verso
sino el universo.

Héctor Miguel Collado

Respuesta al texto

Resumir

Busca detalles importantes de "Viaje divertido" para describir el mensaje del poema. La información de la tabla de punto de vista puede ayudarte.

Personaje	Pista	Punto de vista

Escribir

¿De qué modos muestran los poetas cómo se puede disfrutar con la imaginación? Completa estas oraciones para ayudarte a contestar.

El primer poema muestra...
El segundo poema muestra...
Con la imaginación podemos...

Hacer conexiones

¿Qué te imaginas al leer estos poemas? **PREGUNTA ESENCIAL**

Estos poemas describen cómo se puede disfrutar con la **imaginación**. ¿Cómo te diviertes tú con la imaginación? **EL TEXTO Y EL MUNDO**

Ilustrado por Marcela Minkévich

Género • Poesía

Compara los textos

Lee estos dos poemas acerca de ilustraciones.

Burrito

Burrito que yo dibujo,
burrito con cinco colas,
burrito brujo.

En vez de gris, de amapolas
el color con que te hago,
burrito mago.

Y te pinto las estrellas
y la luna sobre el río,
para que sueñes con ellas,
burrito mío.

Una vez que lo he montado
recorremos —al tranquito—
el campo recién pintado,
yo y mi burrito.

Elsa Bornemann

NIDO DE COLORES

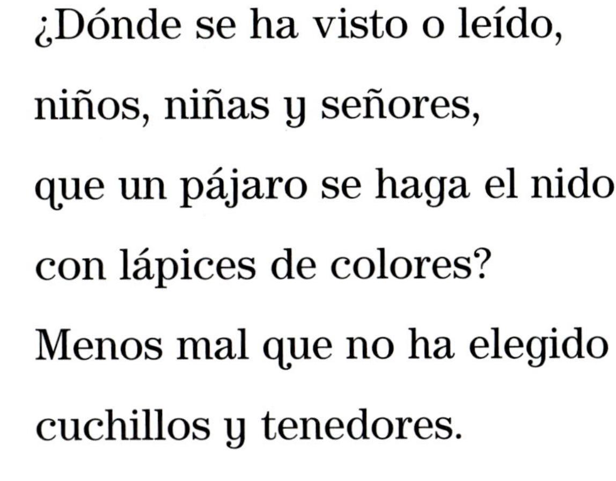

¿Dónde se ha visto o leído,
niños, niñas y señores,
que un pájaro se haga el nido
con lápices de colores?
Menos mal que no ha elegido
cuchillos y tenedores.

José Moreno

¿? Haz conexiones

En estos poemas las **poetas** expresan lo que pueden crear con su **imaginación**. ¿Cómo usa su imaginación la gente para crear cosas? **PREGUNTA ESENCIAL**

¿Qué otras formas de aplicar la imaginación leíste en los poemas de esta semana? **EL TEXTO Y OTROS TEXTOS**

Género • Texto expositivo

Mi luz

MOLLY BANG

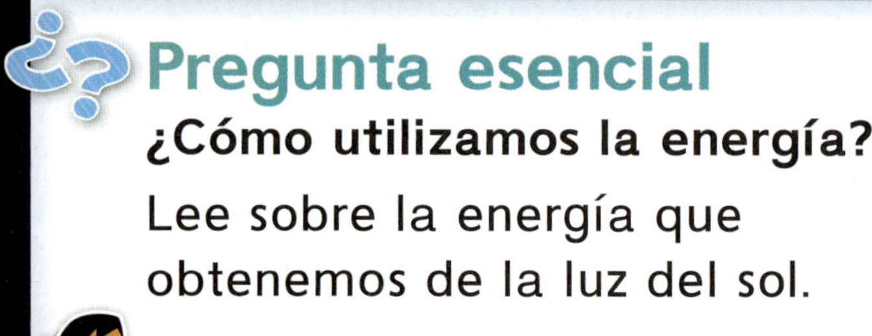

Pregunta esencial

¿Cómo utilizamos la energía?

Lee sobre la energía que obtenemos de la luz del sol.

Cuando por las noches ves las luces de la ciudad, te parece que las estrellas han caído a la Tierra.

SON luces de las estrellas, mi luz.

Soy tu Sol, una estrella dorada.

Ves mi resplandor como luz.

Todos los días entibio tu tierra y tu agua.

Las pequeñas gotas de agua tibia ascienden y forman las nubes.

Las nubes se enfrían.

Mi **energía** cae en forma de lluvia.

El agua **fluye** desde los arroyos hacia los ríos, transportando mi energía hacia

abajo,

abajo,

abajo.

¡Un dique! Ustedes los seres humanos detienen el flujo. Mi energía está atrapada.

¡Un zumbido! El agua desciende por túneles hacia turbinas enormes.

¡Un silbido! El agua hace girar las turbinas, enviando mi energía hacia generadores, que producen electricidad.

Ahora mi energía está en la electricidad.

Fluye a través de alambres de cobre.

AHORA COMPRUEBA

Volver a leer ¿Qué sucede una vez que el dique atrapa la energía? Vuelve a leer para asegurarte.

¡Los cables zumban!
La electricidad fluye,
impulsando, impulsando, impulsando
mi energía hacia
tus ciudades
y poblaciones.

Brillo sobre la tierra y entibio el aire todos los días. El aire tibio se eleva. Aparece el aire más fresco y forma el viento.

¡Un silbido! ¡Otro silbido! El viento hace girar las paletas de las turbinas, enviando mi energía hacia generadores, que producen electricidad.

A través de alambres de cobre, la electricidad fluye hacia tus ciudades y poblaciones.

Las plantas verdes atrapan mi luz y utilizan mi energía para producir hojas y tallos.

Mi energía produce cada arbusto y flor, caña y cactus, fruto y árbol. Mi luz abastece todas las plantas sobre la tierra.

Algunas plantas son comestibles. Mi energía fluye hacia todo aquello que las come.

Otras plantas mueren y están enterradas. Algunas han estado enterradas durante millones de años y se han convertido en carbón. Mi energía permanece en un nivel **subterráneo**, encerrada en el carbón.

¡Un crujido! ¡Un rugido! Ahora ustedes, los seres humanos, excavan, **extraen** el carbón y lo queman.

El fuego calienta el agua y la transforma en vapor. ¡Un silbido! El vapor se precipita contra enormes turbinas, haciéndolas girar. Las turbinas envían mi energía hacia generadores, que producen electricidad.

Desde las centrales eléctricas alimentadas con carbón, la electricidad fluye a través de cables de cobre hacia tus ciudades y pueblos.

Mi luz cae sobre células **solares** y carga sus electrones.

Sin turbinas, sin generadores, la electricidad se desplaza a través de las células, que la envían hacia los cables de cobre.

La electricidad fluye hacia el edificio que está debajo.

Al caer la noche, enciendes la luz.

Desde el agua y el viento, desde el carbón y los paneles solares silenciosos, mi energía entra a tu cuarto.

La electricidad alumbra la noche.

En el interior de una lámpara eléctrica, un cable se calienta. Brilla.

En el interior de un tubo fluorescente, el gas se convierte en energía. Brilla.

Cuando enciendes las luces por la noche, te parece que las estrellas han caído a la Tierra.

Esas luces son parte de la energía que proviene de mí, tu estrella dorada, atrapada y transformada por tu Tierra y por ustedes.

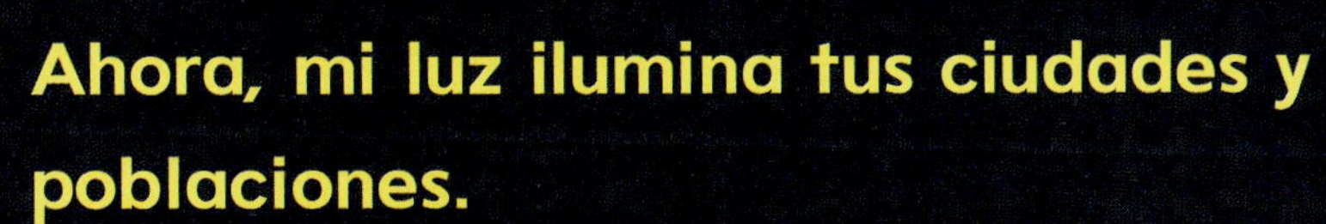

Ahora, mi luz ilumina tus ciudades y poblaciones.

Luego, al igual que la luz estelar de la cual provino, desaparece en el espacio.

AHORA COMPRUEBA

Volver a leer ¿De qué manera la luz del Sol ilumina tu ciudad? Vuelve a leer para estar seguro.

Conozcamos a la autora e ilustradora

Molly Bang comenzó a familiarizarse con la ciencia desde su infancia, ya que sus padres eran científicos. Molly pasaba los veranos en la Escuela de Ciencia y visitaba los laboratorios donde trabajaban sus padres.

Molly ha recibido premios a lo largo de su carrera como autora e ilustradora. Sus palabras y dibujos aportan vida a sus obras. En tres oportunidades, ha merecido el "Caldecott Honor" por sus ilustraciones.

Propósito de la autora

Molly hace que el Sol hable y desarrolle el tema de la electricidad. Cuando un autor hace que algo actúe o se comporte como una persona, aplica la personificación. En la vida real, el Sol no puede contar una historia. ¿Por qué consideras que Molly presenta la información de esta forma?

Jim Green

Respuesta al texto

Resumir

Usa detalles importantes para resumir lo que sucede en la selección. La información de tu tabla de propósito del autor será de gran ayuda.

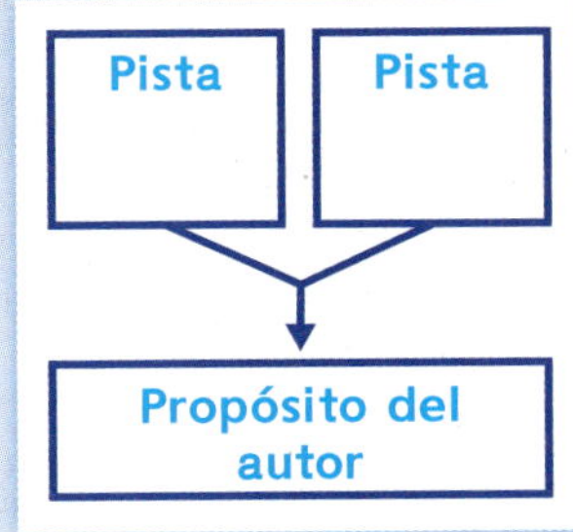

Escribir

¿Cómo te ayuda la repetición de las palabras "mi luz" a comprender la manera en que usamos la energía? Usa estos marcos de oración:

Las palabras "mi luz" significan...

Usamos la energía de la luz del Sol para...

Hacer conexiones

¿Cómo utilizamos la energía para producir electricidad? **PREGUNTA ESENCIAL**

¿Qué tipo de energía se utiliza en el lugar donde vives? **EL TEXTO Y EL MUNDO**

Género • Texto expositivo

Compara los textos

Lee sobre el ciclo del agua y cómo las personas utilizan su energía.

LA POTENCIA DEL AGUA

¿Sabes lo que sucede cuando llueve? Las gotas de agua caen desde las nubes del cielo. Cuando la tormenta pasa, quedan charcos de agua en el suelo. En poco tiempo, esos charcos también desaparecen. ¿Dónde está el agua? ¿Se ha ido para siempre?

El agua no desaparece. El agua de la Tierra siempre se recicla. El agua se mueve constantemente, sobre y debajo de la superficie de la Tierra. Este proceso se denomina *ciclo del agua*.

Markus Botzek/Lithium/age fotostock

EL CICLO DEL AGUA

El Sol calienta el agua sobre la superficie de la Tierra. Esta energía **solar** convierte el agua líquida en un gas llamado *vapor de agua.* El vapor de agua asciende y se convierte en líquido en forma de gotas, formando las nubes.

Cuando el agua pesa en las nubes, cae a la Tierra como lluvia. En las zonas de bajas temperaturas, cae como nieve, aguanieve o granizo, que son formas sólidas del agua.

El agua que cae llena nuevamente los ríos, lagos y océanos. Por eso se lo denomina ciclo del agua, ya que el mismo proceso se desarrolla continuamente con la misma secuencia. Al igual que en un círculo, no tiene principio ni fin.

LA ENERGÍA DEL AGUA

El agua constituye una fuente de **energía** que utilizan las personas. La energía, o potencia, es la habilidad para realizar trabajos. Cuando el agua se mueve rápidamente, transporta energía. Un río rápido es un ejemplo de agua en movimiento. El agua es tan potente que mueve no solo a las personas en las balsas, sino también a las rocas y los árboles. Una catarata es otro ejemplo de agua en movimiento que transporta energía. Las cataratas más altas transportan más energía.

La potencia del agua mueve a las personas en las balsas.

CÓMO TRABAJA EL AGUA

La gente sabe cómo poner a trabajar el agua en movimiento. La potencia del agua se usa para crear electricidad. Primero, se construye un dique en un río rápido. El dique retiene el caudal del río y controla la cantidad de agua que pasa. En el dique, el agua se desliza por un conducto para producir electricidad que luego se distribuye a través de las líneas de transmisión.

La provisión de agua depende del ciclo del agua en la Tierra. Muchas personas dependen de la potencia del agua para tener electricidad.

El dique en el cañón Glen está construido en el río Colorado.

Haz conexiones

¿Cómo utilizan las personas la energía del agua? **PREGUNTA ESENCIAL**

Según el material que has leído esta semana, ¿de qué forma se puede producir energía? **EL TEXTO Y OTROS TEXTOS**

Género • Texto expositivo

MANUAL DEL ASTRONAUTA

MEGHAN MCCARTHY

Pregunta esencial

¿Por qué es importante el trabajo en equipo?

Lee sobre cómo los equipos de astronautas se preparan para explorar el espacio.

¡Conéctate!

¡Bienvenido a la escuela para astronautas! Pronto estarás abordando una **nave** espacial y DESPEGANDO hacia el espacio. Diferentes tipos de personas se han convertido en astronautas: maestros, pintores y hasta **buceadores** de gran profundidad. ¡Tú también puedes ser astronauta!

Primero necesitas decidir qué tipo de astronauta quieres ser.

Hay astronautas que vuelan naves espaciales...

astronautas que dirigen experimentos científicos, como el cultivo de plantas...

y astronautas que pueden **reparar** satélites.

Convertirse en astronauta exige mucha preparación. Es importante estudiar mucho en la escuela. Estudiar no es siempre fácil, ¡pero no te rindas!

Deberás aprobar algunas pruebas físicas estrictas para convertirte en astronauta, ¡así que vístete y comienza a nadar! Una prueba consiste en nadar con tu **traje** y zapatillas de vuelo.

También es importante saber trabajar en **equipo**. Como en el espacio vas a comer, dormir y trabajar en habitaciones con mucha gente, ¡sé amable con tu vecino y no te pelees!

Ahora que puedes trabajar bien con otros, es momento del entrenamiento de supervivencia. Este entrenamiento te ayudará a ser más fuerte y te va a **preparar** para vivir en entornos hostiles.

Cuando estés preparado mental y físicamente, empieza el verdadero trabajo. La práctica lleva a la perfección. Los que en tu grupo hayan decidido ser ingenieros, practicarán con **máquinas** muy parecidas a las que van a usar en el espacio.

AHORA COMPRUEBA

Resumir Resume lo que has leído hasta ahora sobre la preparación de un astronauta.

Quienes quieran ser pilotos de la nave espacial, deberán aprender a volar.

Ya pasaste la parte difícil, ¡y ahora es momento de divertirse! Un avión especial apodado Cometa Vómito te llevará a lo alto del cielo y te traerá ZUMBANDO a la Tierra. Como resultado, ¡podrás FLOTAR! Quizás se revuelva tu estómago, pero te acostumbrarás.

También deberás llevar la comida que te gustaría comer en el espacio. Es importante seguir una dieta balanceada para estar fuerte durante tu viaje. ¡Hasta puedes comer postre, como por ejemplo helado seco para consumir en el espacio!

Así luce un baño en el espacio.

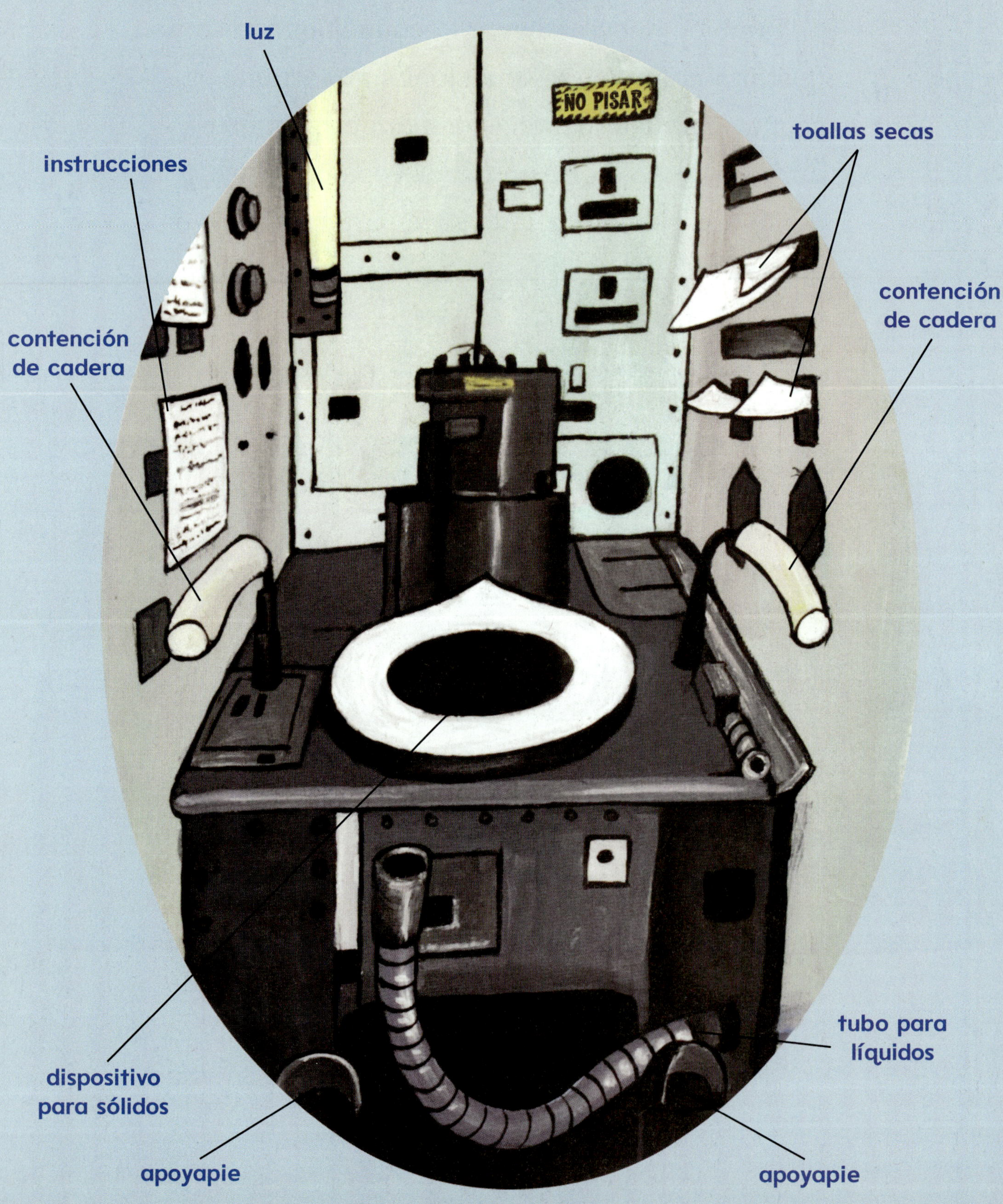

Y así lucirá tu traje espacial.

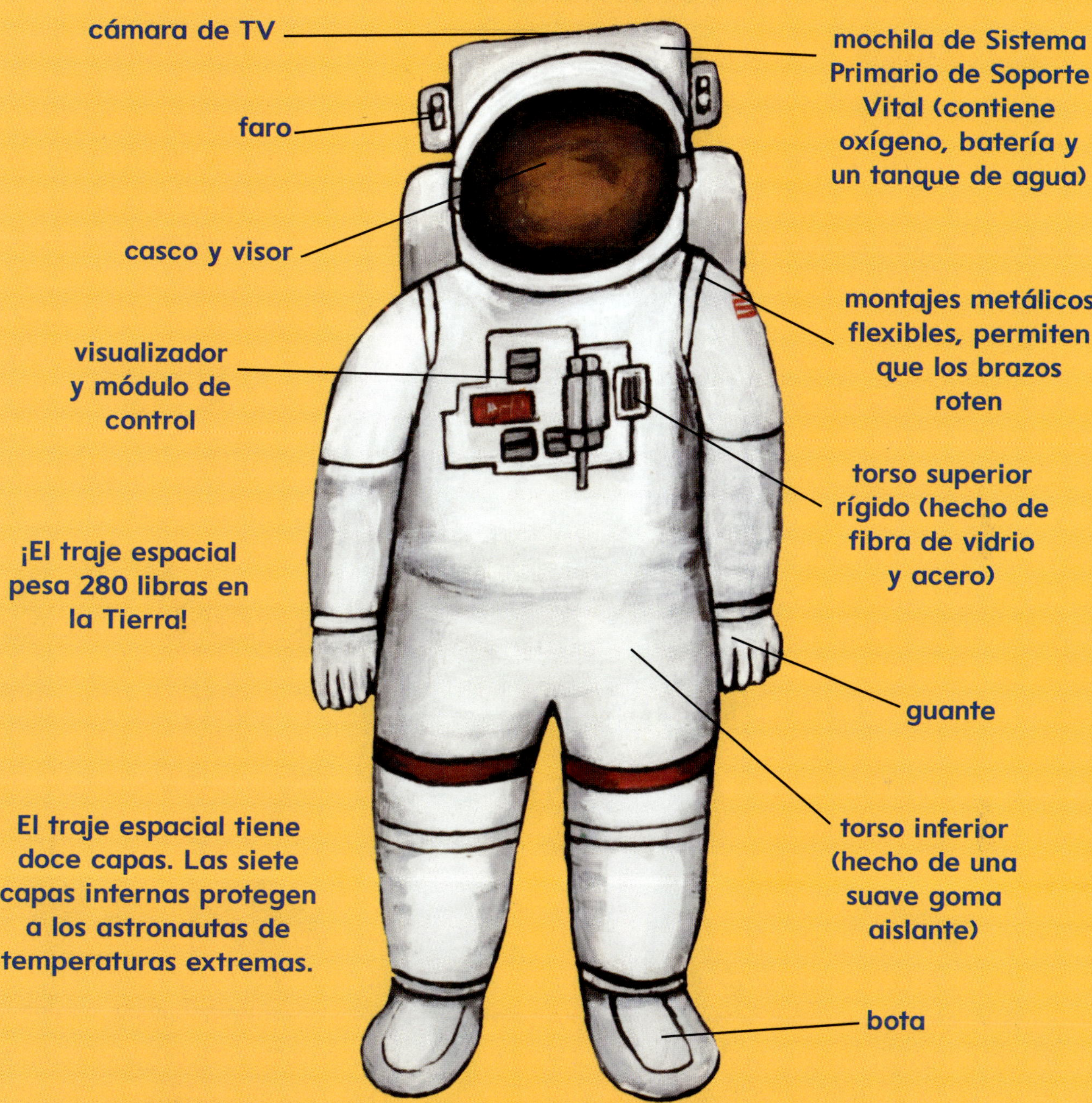

Deberás usar este traje para trabajar fuera de la nave espacial. Es blanco para que los rayos del sol se reflejen. Se adaptará a tus medidas exactas. Más de cien mediciones serán tomadas solo de tu mano.

¡Por fin llegó el momento de despegar! Ponte el traje de vuelo color naranja, que se usa para despegues y aterrizajes, y prepárate para abordar la nave espacial. Deberás estar sentado por lo menos tres horas antes del despegue.

Prepárate para el
paseo de tu vida.

3... 2... 1...
¡DESPEGUE!

Conviene que te gusten
los espacios pequeños.

¡Trabaja duro y disfruta de tu tiempo en el espacio!

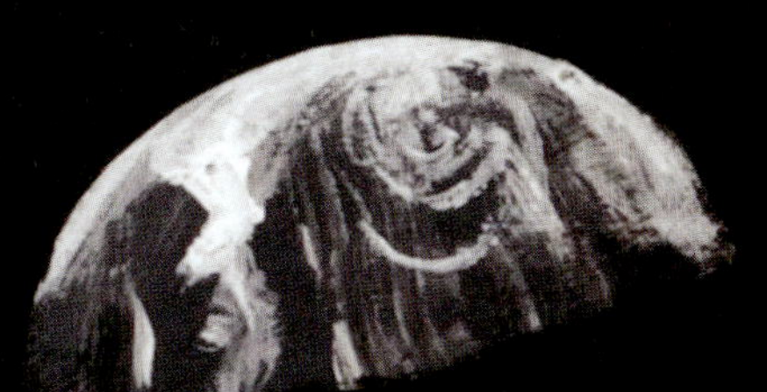

Volver a leer ¿Cómo crees que se siente un astronauta en el espacio? Vuelve a leer para comprobar tu comprensión.

CONOZCAMOS A LA AUTORA E ILUSTRADORA

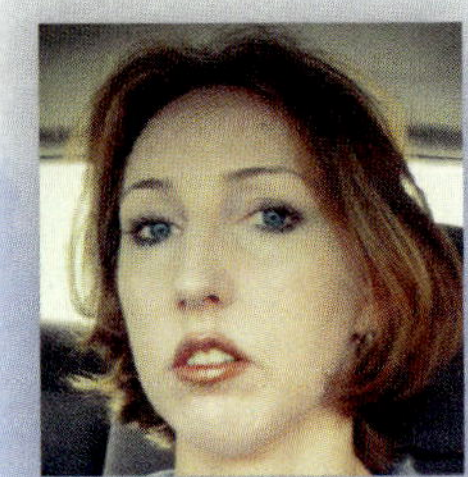

MEGHAN MCCARTHY construyó una nave espacial en su garaje cuando tenía seis años. También jugaba con una nave de cartón en su clase. Al crecer y convertirse en escritora, Meghan quiso escribir un libro que "no fuera como cualquier otro libro sobre el espacio escrito para niños". Ella quería explicar qué es lo que los astronautas realmente experimentan para convertirse en astronautas.

Meghan ha ilustrado libros por mucho tiempo. ¡Ilustró su primer libro antes de aprender a leer! Primero hizo los dibujos. Luego le dijo a su abuela lo que debía escribir.

PROPÓSITO DE LA AUTORA

Meghan escribe esta selección como si estuviera hablando con el lector. Usa la palabra *tú*. ¿Por qué crees que escribe así?

Meghan McCarthy

Respuesta al texto

Resumir

Piensa en los detalles importantes para resumir la selección. Usa la tabla de idea principal y detalles clave como ayuda.

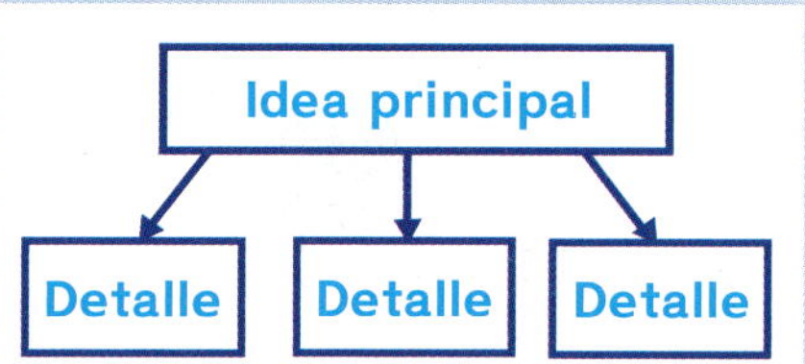

Escribir

¿Cómo hace la autora que sea interesante aprender sobre el trabajo de un astronauta? Usa estos marcos de oración:

La autora comienza..
Comparte información mediante...

Hacer conexiones

¿Por qué es importante el trabajo en equipo para los astronautas? **PREGUNTA ESENCIAL**

¿Cómo trabajan en equipo los miembros de tu clase? **EL TEXTO Y EL MUNDO**

Género • Texto expositivo

Compara los textos

Lee acerca de un equipo que escaló hasta la cima del mundo.

Trabajo en equipo hacia la cima

Cuando Jordan Romero tenía nueve años, vio un cuadro de las montañas más altas del mundo. Jordan se propuso escalar cada una, pero tenía un problema. No podía hacerlo solo. Jordan sabía qué era lo que resolvería el problema: un equipo que escalara con él. Su padre y su madrastra, experimentados montañistas, se convirtieron en sus compañeros de equipo.

El equipo se prepara

Antes de escalar, el equipo siguió un plan de ejercitación. Corrían largas distancias cargando pesadas mochilas y tirando de neumáticos. Desarrollaron cuerpos fuertes para prepararse para el duro ascenso, mientras creaban los lazos que los ayudarían a trabajar juntos.

A los 13, Jordan Romero se convirtió en la persona más joven en escalar el monte Everest.

Llegando al Everest

El equipo de Jordan estaba listo para los peligros de la **exploración**. El Everest es la montaña más alta del mundo. ¡La cima del Everest es más alta de lo que algunos aviones pueden volar! En la cima hay poco oxígeno para respirar. Esto es un problema para los escaladores. La falta de oxígeno podría hacerlos marear, así que el equipo resolvió el problema con máscaras de oxígeno.

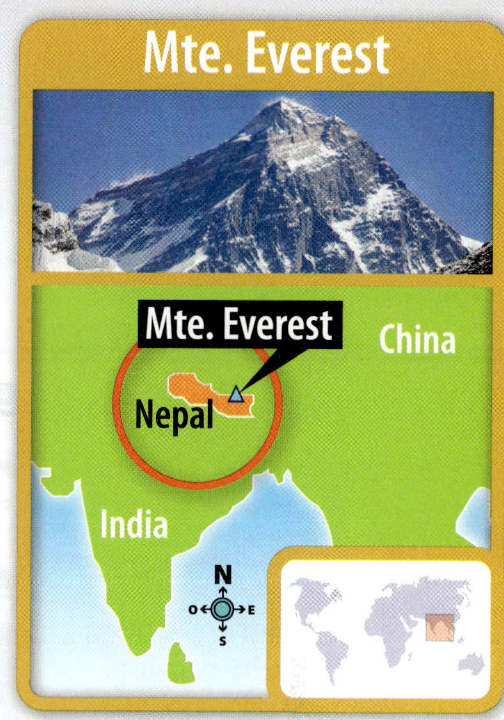

El equipo de Jordan necesitaba más ayuda. Entonces, expertos en montañismo, llamados sherpas, los acompañaron. Cada experto aportó algo especial al equipo.

Llegando a la cima

El equipo de Jordan estuvo en la montaña por 51 días. Una soga los mantenía unidos para mantenerlos a salvo. Cuando alcanzaron la cumbre, celebraron. ¡Con el trabajo en **equipo** alcanzaron el punto más alto del mundo!

Haz conexiones

¿Por qué el trabajo en equipo fue importante en las exploraciones de Jordan? **PREGUNTA ESENCIAL**

¿Cómo trabajan los equipos para resolver problemas? **EL TEXTO Y OTROS TEXTOS**

Glosario

Un glosario te ayuda a entender los significados de las palabras que probablemente no conozcas en un libro. Las palabras del glosario aparecen en orden alfabético.

Palabras guía

Las palabras guía están en la parte superior de cada página, y son la primera y la última palabra de esa página.

Ejemplo de entrada

Cada entrada o palabra está dividida en sílabas. Después encontrarás la clase de palabra (por ejemplo, adj. significa que la palabra es un adjetivo), seguida de la definición de la palabra y una oración de ejemplo.

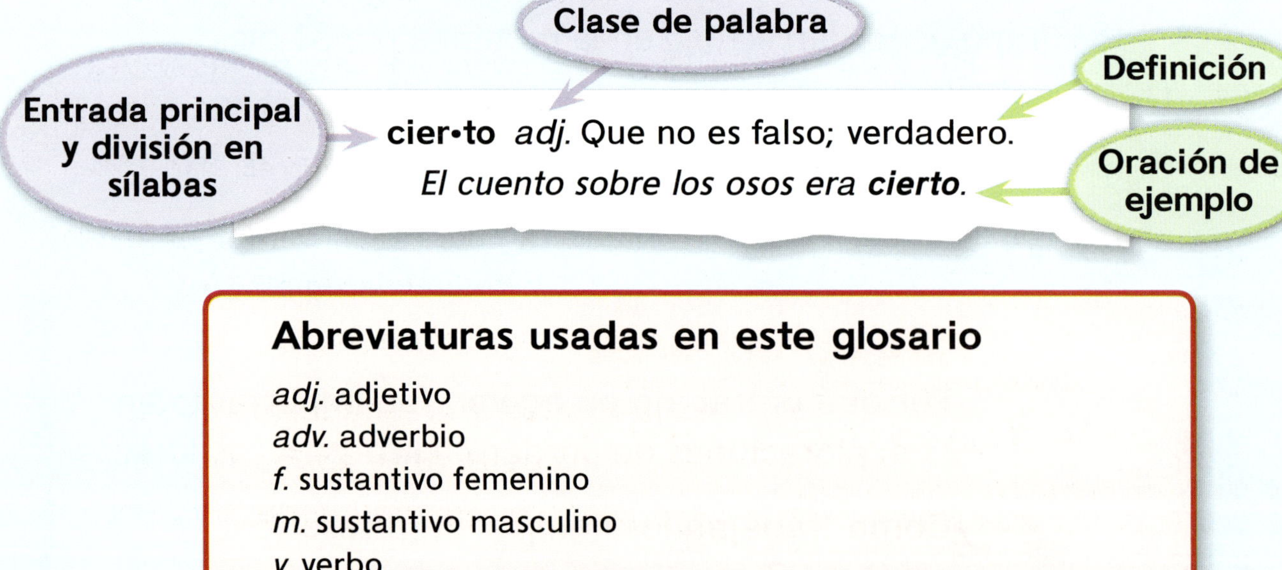

Abreviaturas usadas en este glosario

adj. adjetivo
adv. adverbio
f. sustantivo femenino
m. sustantivo masculino
v. verbo

Aa

ac•ción *f.* Lo que hace alguien. *La valiente* ***acción*** *de Tomás hizo que su madre estuviera orgullosa.*

a•ci•ca•lar•se *v.* Limpiarse y arreglarse. *La gata* ***se acicala****.*

a•co•mo•dar•se *v.* Colocarse, adaptarse o ajustarse a algo. *Todos tuvieron que* ***acomodarse*** *en sus asientos antes de empezar.*

a•con•te•ci•mien•to *m.* Algo que sucede. *Ganar el juego fue un* ***acontecimiento*** *feliz para nosotros.*

a•cor•dar *v.* Resolver algo varias personas de común acuerdo. *Los estudiantes* ***acordaron*** *organizar una fiesta.*

ac•ti•vo *adj.* Que realiza cierta acción o actividad. *En este país hay varios volcanes* ***activos****.*

a•cu•rru•car•se *v.* Encogerse para protegerse del frío u otra cosa. *A los gatos les gusta* ***acurrucarse*** *en un lugar cálido.*

a•dap•tar•se *v.* Acostumbrarse a un lugar o cosa. *Hugo tuvo que* ***adaptarse*** *a una escuela nueva.*

a•dul•to *m.* Persona o animal que ha crecido por completo. *El* ***adulto*** *estaba a cargo de los niños.*

ad•ver•ten•cia *f.* Aviso que se debe a un peligro. *Oímos la* ***advertencia*** *antes de la tormenta.*

a•fue•ra *adv.* Que no está adentro. *Comimos* ***afuera****, debajo del árbol.*

a•gi•ta•do *adj.* Que tiene mucha actividad; que le falta la respiración. *El perrito* ***agitado*** *corría por toda la sala.*

a•la•me•da *f.* Lugar lleno de álamos. *Dimos un lindo paseo por la* ***alameda****.*

al•de•a *f.* Pueblo pequeño. *El río bordea nuestra* ***aldea****.*

a•le•jar•se *v.* Tomar distancia, ir lejos. *Nadie quiso* ***alejarse*** *de los niños.*

al•re•de•dor *adv.* Que se encuentra rodeando a personas o cosas. *Todos estaban* ***alrededor*** *de la chimenea.*

a•mai•nar *v.* Aflojar, perder su fuerza. *El viento finalmente* ***amainó*** *y pudimos salir a jugar.*

a•mis•tad *f.* El sentimiento de ser amigos. *Nuestra* ***amistad*** *comenzó cuando jugamos juntas al fútbol.*

a•na•quel *m.* Estante. *El* ***anaquel*** *de la biblioteca tenía muchos libros viejos.*

a•pa•re•cer *v.* Dejarse ver. *El sol* ***apareció*** *por detrás de la nube.*

a•par•ta•do *adj.* Distante, lejano. *El nuevo centro comercial estaba* ***apartado*** *de todo.*

a•re•na *f.* Conjunto de pequeñas partículas de roca que se forma en las playas y orillas de los ríos. *Hay playas donde la* ***arena*** *es negra.*

ar•mo•ní•a *f.* Combinación agradable de cosas (sonidos, imágenes, etc.). *La canción tenía una* ***armonía*** *perfecta.*

a•sen•tir *v.* Mover la cabeza de manera afirmativa. *Pedro* ***asintió*** *cuando le propusimos jugar.*

a•so•mar•se *v.* Mostrar algo por una abertura. *Se* ***asomó*** *por la ventana.*

a•som•bra•do *adj.* Que está sorprendido. *El mago dejó* ***asombrada*** *a la niña con su truco.*

a•tas•car•se *v.* No poder moverse porque algo lo impide. *El carro* ***se atascó*** *en el lodo.*

au•tor *m.* Persona que escribe o inventa algo. *El* ***autor*** *del cuento tenía un propósito.*

Bb

ba•rre•ra *f.* Obstáculo, dificultad que no deja avanzar. *Una* ***barrera*** *impide el paso a los carros.*

bo•quia•bier•to *adj.* Que está muy concentrado mirando algo. *Estaba* ***boquiabierto*** *mirando el espectáculo.*

bri•llar *v.* Reflejar luz. *El sol hoy* ***brilla*** *fuerte .*

brin•co *m.* Salto, movimiento que se hace levantando los pies del suelo. *Di un* ***brinco*** *para ver si tocaba el techo.*

brus•co *adj.* Rápido, repentino. *Mudarse del pueblo a la ciudad fue un cambio* ***brusco****.*

bu•ce•a•dor *m.* Persona que bucea. *El* ***buceador*** *se sumergió para buscar el tesoro.*

Cc

cier•to *adj.* Que no es falso; verdadero. *El cuento sobre los osos era* ***cierto****.*

ciu•da•da•no *m.* Persona que vive en una ciudad o un país. *Los* ***ciudadanos*** *marcharon para reclamar sus derechos.*

clien•te *m.* Persona que compra en una tienda. *Los **clientes** de la tienda compran ropa.*

cli•ma *m.* El tiempo que predomina en un lugar. *El **clima** en nuestro estado es fresco y seco.*

com•bi•nar *v.* Unir cosas distintas. *Nos gusta **combinar** muchos ingredientes cuando cocinamos.*

com•pa•ñí•a *f.* Unión o cercanía con otra persona. *Nos gusta tener siempre buena **compañía**.*

com•por•tar•se *v.* Actuar de cierta manera. *Mis padres quieren que me **comporte** de manera educada.*

com•prar *v.* Adquirir, obtener algo con dinero. *Hoy **compraremos** el carro nuevo.*

com•pro•bar *v.* Demostrar que es verdad. *Diego **comprobó** que podía realizar un lanzamiento lejos.*

co•mún *adj.* Que es habitual o frecuente. *Tener un teléfono celular es algo **común** en la actualidad.*

con•cier•to *m.* Actuación musical. *Luis asisitió a un **concierto** de su banda favorita.*

cons•tan•cia *f.* Perseverancia. *Su constancia fue lo que ayudó a tener buenas calificaciones.*

con•ver•tir•se *v.* Transformarse algo o alguien en otra cosa. *En el cuento, el niño podía **convertirse** en un lobo.*

co•o•pe•rar *v.* Trabajar juntos. *Siempre **cooperamos** entre nosotros.*

cor•po•ral *adj.* Relativo al cuerpo. *Los movimientos **corporales** de los gimnastas eran muy elegantes.*

co•rre•te•ar *v.* Correr de un lado a otro. *Los perros **corretearon** en el parque.*

cos•qui•llas *f.* Sensación que provoca risa involuntaria. *Mi hermana me hizo **cosquillas**.*

cos•tar *v.* Tener un precio. *El juguete **costó** cinco dólares.*

cos•tum•bre *f.* Usos y hábitos de lugar determinado o de una persona. *Nos mostraron algunas de sus **costumbres**.*

crí•a *f.* Animal pequeño que se está criando. *La leona tuvo dos **crías**.*

cu•bier•to *adj.* Que está protegido con algo que lo cubre. *El sofá está **cubierto** con una manta.*

cui•da•do *m.* Acción de cuidar algo. *Pat le brinda **cuidado** a su mascota.*

cul•ti•vo *m.* Conjunto de plantas y frutos que se siembran y cosechan. *En la zona hay **cultivos** de maíz.*

cul•tu•ra *f.* Forma de vida de un grupo de personas. *La clase estudia la **cultura** de los zuñis.*

cu•rio•so *adj.* Que quiere conocer cosas. *El gatito **curioso** exploró la casa.*

Dd

da•ño *m.* Deterioro; destrucción. *La tormenta causó **daños** a mi bicicleta.*

de•ci•dir *v.* Tomar una determinación. *Jorge tuvo que **decidir** qué zapatos usaría.*

de•pen•der *v.* Contar con alguien como ayuda. *Puedo **depender** de mi mamá para que me ayude con la tarea.*

de•re•cho *m.* Permiso que otorga la ley. *La libertad de expresión es un **derecho**.*

de•sa•rro•llar *v.* Progresar o crecer. *Todos los niños se **desarrollarán** para convertirse en adultos.*

des•fi•le *m.* Marcha en honor a algo. *En el **desfile** había una banda de tambores.*

des•ha•cer•se *v.* Eliminar algo. *La familia tuvo que **deshacerse** de la antigua mesa.*

des•pe•ja•do *adj.* Espacioso, ancho; sin nubes. *El cielo estaba **despejado** y no se veía ni una nube.*

des•pla•zar•se *v.* Moverse de un lugar a otro. *Para ir a la ciudad, había que **desplazarse** en tren o en autobús.*

des•truir *v.* Deshacer por completo. *Un terremoto puede **destruir** un edificio.*

de•te•ner•se *v.* Parar el movimiento. *El carro no pudo **detenerse** porque no funcionaban los frenos.*

di•cho•so *adj.* Feliz. *Nos sentimos **dichosos** con la llegada del nuevo bebé.*

dis•fraz *m.* Vestimenta que se usa para parecerse a otra cosa o a otra persona. *El actor usó un **disfraz** en el escenario.*

dis•tan•cia *f.* Espacio que hay entre un lugar y otro. *El mar está a mucha **distancia** de mi ciudad.*

di•vi•sar *v.* Ver a lo lejos. *Desde el avión pudimos **divisar** las hermosas montañas.*

do•na•ción *f.* Acción de dar algo a alguien. *Recibimos una **donación** para reparar el patio de nuestra escuela.*

do•ra•do *adj.* Que tiene el color o brillo del oro. *La moneda **dorada** brillaba en el sol.*

Ee

e•lec•tri•ci•dad *f.* Forma de energía. *Usamos la **electricidad** para iluminar nuestro hogar.*

e•le•gir *v.* Seleccionar algo. *Ana **eligió** la blusa azul.*

em•pren•der *v.* Comenzar. *Nos gustaría **emprender** un viaje por el mundo.*

en•cen•der *v.* Poner en marcha una cosa. Prender fuego a algo. *Al **encender** la luz, todos gritaron: "Sorpresa".*

e•ner•gí•a *f.* Capacidad de hacer un trabajo; electricidad. *Los seres humanos obtienen **energía** de los alimentos.*

e•nor•me *adj.* Muy grande. *Los dinosaurios eran criaturas **enormes**.*

en•ten•der *v.* Saber o conocer el significado de algo. *Yo **entiendo** tu pregunta.*

en•te•rra•do *adj.* Cubierto u oculto bajo la tierra. *El perro tenía un hueso **enterrado** en el patio.*

en•tu•sias•ma•do *adj.* Exaltado de ánimo. *Los jugadores estaban **entusiasmados** con el partido.*

e•qui•po *m.* Grupo de personas con un objetivo común. *Debemos trabajar en **equipo** para lograr hacer el trabajo.*

es•ca•lo•frian•te *adj.* Extraño e inquietante. *Vimos una **escalofriante** película de miedo.*

es•ca•par *v.* Salir, huir. *El perro intentó **escapar** por la ventana.*

es•ce•na *f.* Cada parte en las que se divide una obra de teatro. *En la **escena**, había muebles de sala.*

es•pe•so *adj.* Denso, pesado. *El líquido era negro y **espeso**.*

es•pe•su•ra *f.* Lugar lleno de árboles. *El ciervo se ocultó en la **espesura**.*

es•ta•ción *f.* Una de las cuatro partes del año. *Mi **estación** favorita es la primavera.*

es•tan•que *m.* Hueco que se construye para recoger agua. *En el **estanque** había peces de muchos colores.*

es•tu•diar *v.* Dedicar tiempo a aprender algo. *Edgardo tiene que **estudiar** para la prueba.*

e•ta•pa *f.* Parte del desarrollo de una acción o de un proceso. *En su ciclo de vida, la mariposa atraviesa una **etapa** como oruga.*

ex•plo•ra•ción *f.* Acción de mirar cuidadosamente. *Los buzos realizaron una **exploración** marina.*

ex•plo•tar *v.* Estallar, hacer una explosión. *El neumático **explotará** si le pones demasiado aire.*

ex•pre•sar *v.* Decir o demostrar. *Puedes **expresar** tus sentimientos.*

ex•tra•er *v.* Obtener una sustancia. *No pudimos **extraer** el material necesario del suelo.*

Ff

fa•vo•ri•to *adj.* Que gusta más. *El verano es mi época del año **favorita**.*

fi•nal•men•te *adv.* Al final; por último. ***Finalmente**, llegamos a casa a la medianoche.*

fluir *v.* Moverse un líquido de una parte a otra; salir un líquido del suelo. *El agua de lluvia **fluye** por el canal.*

fuer•za *f.* Algo que mueve o detiene un cuerpo. *La **fuerza** del viento hizo caer el árbol.*

fun•cio•nar *v.* Realizar su trabajo; marchar bien o resultar bien. *El teléfono no **funcionaba**.*

Gg

ga•nas *f.* Deseos. *Tenemos muchas **ganas** de ir de excursión.*

gas•tar *v.* Emplear el dinero en algo. *Guillermo **gastará** su dinero en una bicicleta.*

ge•ne•ra•dor *m.* Parte que produce fuerza o energía. *El **generador** no funcionó y nos quedamos sin luz.*

gi•gan•te *adj.* Muy grande. *El camión **gigante** tenía grandes ruedas.*

gus•tar *v.* Agradar, parecer bien. *A Berta le **gustó** mirar el juego.*

Hh

há•bi•tat *m.* Lugar donde vive un animal. *El **hábitat** de la ballena es el océano.*

ha•ma•ca *f.* Tela o red que se cuelga de dos árboles, o dos paredes, y sirve de cama. *A los niños les encanta recostarse en la **hamaca**.*

ham•brien•to *adj.* Que tiene mucha hambre. *Juan estaba **hambriento** después de nadar en la piscina.*

hé•ro•e *m.* Persona admirada por su valor. *El bombero que salvó a la familia es un **héroe.***

he•rra•mien•ta *f.* Objeto que se usa para hacer o reparar cosas. *Rosa arregló el carro con una **herramienta**.*

hi•le•ra *f.* Línea o fila. *Había una larga **hilera** de carros esperando en la calle.*

his•to•ria *f.* Relato de los sucesos del pasado. *La **historia** de la ciudad se remonta a muchos años atrás.*

ho•nor *m.* Reconocimiento por una buena acción. *Marcos recibió un premio de **honor** por sus buenas notas.*

hor•mi•gue•ro *m.* Lugar en el que viven las hormigas. *Las hormigas marchaban hacia el **hormiguero** en una fila larga.*

i•de•a *f.* Pensamiento, plan para hacer algo. *La clase tuvo una **idea** para el proyecto.*

i•dio•ma *m.* Lengua de un grupo de personas. *Elena habla dos **idiomas**: español e inglés.*

i•lu•mi•nar *v.* Dar luz, alumbrar. *El sol **iluminaba** el cielo.*

i•ma•gi•na•ción *f.* Capacidad de crear ideas o imágenes en la mente. *Eva tiene mucha **imaginación** y escribió un cuento fantástico.*

im•pa•cien•te•men•te *adv.* Con intranquilidad. *Los amigos esperaron el resultado **impacientemente**.*

in•cre•í•ble *adj.* Que es muy difícil de creer; que sorprende. *La vista de la ciudad desde el aire era **increíble**.*

in•fun•dir *v.* Causar cierta sensación. *Mi mamá siempre nos **infundió** amor.*

in•me•dia•to *adj.* Que sucede enseguida. *Hacía falta una acción **inmediata**.*

in•sis•tir *v.* Mantenerse firme en algo. *Sofía **insistió** en seguir las reglas.*

ins•tru•men•to *m.* Objeto que produce música. *Cada **instrumento** hace un sonido distinto.*

in•ten•so *adj.* Que se siente con fuerza. *El calor del verano pasado fue muy **intenso**.*

in•ter•ac•tuar *v.* Actuar en conjunto con alguien. *Mi amigo y yo **interactuamos** en la escuela.*

in•ven•tar *v.* Crear algo nuevo. *¿Quién **inventó** la computadora?*

is•la *f.* Tierra rodeada de agua. *Papá navegó hacia la **isla**.*

Ll

lec•ción *f.* Aquello que se enseña o se aprende. *Miguel tomaba una **lección** de batería después de la escuela.*

le•ja•no *adj.* Que está lejos en el espacio o en el tiempo. *Esos días de juego ahora parecen **lejanos**.*

li•ber•tad *f.* La capacidad de moverse o de ser libre. *Los halcones pueden volar en **libertad**.*

lo•cal *adj.* De un lugar determinado. *La biblioteca **local** está cerca de nuestra casa.*

lu•gar *m.* Sitio. *Es un **lugar** muy tranquilo para ir de vacaciones.*

Mm

ma•mí•fe•ro *m.* Tipo de animal que después de nacer se alimenta con leche materna. *Un perro es un **mamífero**.*

má•qui•na *f.* Dispositivo hecho de partes que hacen un trabajo. *Esa **máquina** de la fábrica hacía las piezas más pequeñas.*

ma•ra•vi•lla *f.* Suceso extraordinario. *El espectáculo fue una **maravilla**.*

ma•to•rral *m.* Campo lleno de malezas. *El **matorral** era espeso.*

me•dir *v.* Hallar el tamaño de algo. *Usé una regla para **medir** la sala.*

me•le•na *f.* Cabellera larga. Crin del león. *La **melena** del león brillaba bajo el sol.*

me•te•o•ro•ló•gi•co *adj.* Relativo a la ciencia de la atmósfera. *El pronóstico **meteorológico** de la ciudad para ese día no era bueno.*

mi•ga•ja *f.* Trozo pequeño de pan. *Los niños alimentaban a las palomas con **migajas**.*

mol•de•ar *v.* Dar forma en un molde. *Nos encanta **moldear** barro.*

mo•les•to *adj.* Que causa o tiene fastidio. *El sonido del mosquito puede ser bastante **molesto**.*

mur•mu•llo *m.* Ruido continuado y confuso. *El **murmullo** constante en la sala no dejaba escuchar nada.*

mú•si•ca *f.* Conjunto de sonidos que forman canciones. *Me gusta escuchar **música**.*

Nn

na•tu•ra•le•za *f.* Parte del mundo que no fue hecha por personas. *El lago es parte de la **naturaleza**.*

na•ve *f.* Barco; vehículo para viajar por el espacio. *La increíble **nave** espacial volaba a gran velocidad.*

ne•ce•si•tar *v.* Tener necesidad de algo o de alguien. *Las plantas **necesitan** agua para vivir.*

ni•vel *m.* Altura que alcanza algo. *El **nivel** del mar había subido durante la noche.*

noc•tur•no *adj.* Que sucede o aparece durante la noche. *Existen muchos animales **nocturnos**.*

Oo

ob•je•to *m.* Cosa. *Había un **objeto** muy interesante en el museo.*

ob•se•quiar *v.* Regalar. ***Obsequiamos** a la maestra con un ramo de flores.*

o•ri•lla *f.* Línea o lugar donde termina algo. *Los niños corrían por la **orilla** del río.*

o•va•cio•nar *v.* Aclamar o aplaudir con entusiasmo. *La multitud **ovacionó** a Pía cuando anotó el gol.*

Pp

pan•za *f.* Vientre o barriga. *Los elefantes tienen una **panza** enorme.*

pa•re•ci•do *adj.* Que se parece a alguien o a algo. *Abel y José son **parecidos**.*

pe•la•je *m.* Pelo de un animal. *Los osos polares tienen **pelaje** blanco.*

pe•li•gro•so *adj.* Que no es seguro. *Correr con tijeras es **peligroso**.*

pen•sa•ti•vo *adj.* Que está ocupado en sus pensamientos. *Estuvo **pensativo** durante toda la tarde.*

per•mi•ti•do *adj.* Que se puede hacer. *Aquí está **permitido** hablar.*

pe•so *m.* Fuerza con la que la Tierra atrae un cuerpo. *El **peso** de la roca hizo que fuera difícil sostenerla.*

pi•la *f.* Pequeño aparato que produce electricidad. *El nuevo juguete funciona con **pilas**.*

pla•ta *f.* Dinero. *Ella tiene algo de **plata** para comprar boletos.*

po•e•ta *m.* Persona que escribe poemas. *El **poeta** recitó sus más hermosos poemas.*

po•si•bi•li•dad *f.* Ocasión de que algo suceda o exista. *Ya no había ninguna **posibilidad** de ganar el juego porque quedaba poco tiempo.*

pre•cio *m.* Dinero que hay que pagar por algo. *Ese libro tiene un **precio** de 13 dólares.*

pre•gun•tar•se *v.* Pensar en algo porque se siente curiosidad. *Tim debió **preguntarse** si estaba haciendo lo correcto.*

pre•pa•rar *v.* Organizar algo para luego realizar una actividad. *Voy a **preparar** mi mochila para la excursión de mañana.*

pre•ser•var *v.* Proteger algo o a alguien de un daño. *Debemos **preservar** el medio ambiente.*

pres•ta•do *adj.* Que se tomó y se devolverá más tarde. *Alina se llevó **prestado** mi lápiz.*

pre•ve•nir *v.* Evitar que suceda algo. *Usa un cinturón de seguridad para **prevenir** que te lastimes.*

pro•pie•dad *f.* Característica especial de una cosa. *Isabel describió una **propiedad** de la roca.*

pro•vi•sión *f.* Cantidad de algo que se necesita. *Nuestra **provisión** de alimentos ya casi se acaba.*

Qq

que•ha•ce•res *m.* Ocupación, tareas que deben hacerse. *Uno de mis **quehaceres** es hacer mi cama.*

Rr

re•co•lec•tar *v.* Recoger la cosecha; reunir. *Todos los niños ayudaron a **recolectar** las manzanas.*

re•cuer•do *m.* Memoria que se tiene de algo del pasado. *Tengo un lindo **recuerdo** de los días en la casa de mis abuelos.*

re•dac•tar *v.* Poner algo por escrito. ***Redactamos** las reglas de la clase.*

re•fu•gio *m.* Lugar adecuado para resguardarse. *El **refugio** era pequeño pero había muchas personas dentro.*

re•gión *f.* Área grande. *Cada **región** de nuestro país tiene muchas ciudades.*

re•gis•tro *m.* Anotación detallada de algo. *La maestra lleva un **registro** de nuestras calificaciones.*

re•gla *f.* Guía que indica el modo de actuar. *Debes seguir las **reglas** del juego.*

re•la•cio•nar•se *v.* Conectarse con las personas. *A Luis le gusta **relacionarse** con personas nuevas.*

re•pa•rar *v.* Arreglar algo que está roto. *El mecánico puede ayudar a **reparar** el carro de papá.*

re•pre•sen•tar *v.* Interpretar un papel en una obra. *Emilio **representó** el papel principal en la obra de teatro.*

res•pon•sa•bi•li•dad *f.* Deber. *Es mi **responsabilidad** decir la verdad.*

re•vi•sar *v.* Ver si algo es correcto o está en buen estado. ***Revisamos** que todo estuviera en orden antes de comenzar.*

re•tum•bar *v.* Hacer un gran ruido, resonar. *El trueno **retumbó** en mitad de la noche.*

rit•mo *m.* Los sonidos repetidos en orden en la música o al hablar. *Me gusta el **ritmo** de la canción.*

ro•de•a•do *adj.* Que tiene cosas a su alrededor. *La casa del bosque estaba **rodeada** de árboles.*

Ss

sa•bi•du•rí•a *f.* Buen criterio de saber qué es lo correcto. *Mi abuelo tiene **sabiduría** y siempre sabe la respuesta correcta.*

se•me•jan•za *f.* Parecido que hay entre dos o más cosas. *La **semejanza** entre esos dos hermanos es sorprendente.*

sen•tir•se *v.* Hallarse o estar de determinada manera. *Es importante **sentirse** feliz.*

si•len•cio•so *adj.* Que no emite sonido. *El campo es un lugar **silencioso**.*

sím•bo•lo *m.* Imagen o figura que representa a otra cosa. *La paloma es el **símbolo** de la paz.*

si•nuo•so *adj.* Que tiene curvas. *El camino hacia la casa del abuelo era muy **sinuoso**.*

sis•te•ma *m.* Plan ordenado. *Nuestra familia tiene un **sistema** para hacer los quehaceres.*

so•lar *adj.* Relativo al sol. *Algunas casas usan energía **solar**.*

só•li•do *adj.* Firme y duro. *El hielo estaba lo suficientemente **sólido** para patinar.*

so•li•ta•rio *adj.* Solo, sin compañía. *Era un hombre **solitario** que vivía en la colina.*

so•ni•do *m.* Aquello que se puede oír. *Oímos el **sonido** del mar.*

sua•ve•men•te *adv.* De manera lenta, tranquila. *Mi mamá siempre nos acariciaba **suavemente** mientras nos contaba un cuento a la hora de dormir.*

sub•te•rrá•ne•o *adj.* Que está debajo de la superficie de la tierra. *Los gusanos hacen túneles **subterráneos**.*

su•fi•cien•te *adj.* Bastante para lo que se necesita. *Las manzanas que había comprado eran **suficientes** para hacer el pastel.*

su•su•rrar *v.* Hablar en voz muy baja. *Me **susurró** el secreto al oído.*

Tt

ta•llo *m.* Parte alargada de la planta que va desde la raíz hasta la flor u hoja. *El **tallo** de esta flor es demasiado largo para este florero.*

ta•ma•ño *m.* Mayor o menor volumen de algo. *El **tamaño** debe ser pequeño para que entre en esta caja.*

te•ja•do *m.* Parte superior de un edificio, comúnmente cubierta por tejas. *El gato maullaba en el **tejado** y no dejaba dormir a los vecinos.*

tem•pla•do *adj.* Ni demasiado cálido ni demasiado frío. *Nuestro estado tiene un clima **templado**.*

Tie•rra *f.* El planeta en el que vivimos. *Necesitamos cuidar la **Tierra**.*

tra•ba•jo *m.* Ocupación que se realiza por un pago. *Mi hermano tiene un **trabajo** de verano vendiendo helados.*

tra•je *m.* Conjunto de ropa que viste una persona. *El **traje** era especial y muy colorido.*

tras•la•dar *v.* Llevar a alguien o algo de un lugar a otro. *La grúa puede **trasladar** el carro.*

Uu

u•ni•do *adj.* Que está junto a otra cosa; que se hay buena relación entre varios elementos. *Nuestra escuela trabajó **unida** para construir un patio de juegos.*

va•ler *v.* Tener un precio o importancia. *La casa **vale** mucho más en la actualidad.*

va•lo•rar *v.* Reconocer la importancia o el valor de algo. *Mis padres **valoran** la importancia del estudio.*

ve•ci•no *m.* Alguien que vive cerca. *Mi **vecino** del último piso me invitó a su casa.*

ve•lo•ci•dad *f.* Movimiento rápido. *La **velocidad** de Tasha la ayudó a ganar la carrera.*

ven•ci•do *adj.* Derrotado. *No te des por **vencido**; sigue intentándolo.*

ver•dor *m.* Color verde, especialmente el de las plantas. *El parque y su hermoso **verdor** atraían a miles de personas en los días cálidos.*

ver•sión *f.* Narración o descripción distinta de un mismo suceso. *Su **versión** del cuento nos encantó a todos.*

via•jar *v.* Trasladarse de un lugar a otro, normalmente alejado. *Nuestra familia **viaja** a México todos los años.*

via•je *m.* Recorrido para ir de un lugar a otro. *El **viaje** duró muchos días.*

vi•vo *adj.* Que tiene vida. *El gato está herido pero **vivo**.*